Erläuterungen und Dokumente

Heinrich von Kleist
Michael Kohlhaas

Von
Bernd Hamacher

Philipp Reclam jun. Stuttgart

Heinrich von Kleists Erzählung *Michael Kohlhaas* liegt unter Nr. 218 in Reclams Universal-Bibliothek vor. Auf diese Ausgabe beziehen sich die Seiten- und Zeilenangaben in den Erläuterungen.

Universal-Bibliothek Nr. 16026
Alle Rechte vorbehalten
© 2003 Philipp Reclam jun. GmbH & Co., Stuttgart
Gesamtherstellung: Reclam, Ditzingen. Printed in Germany 2003
RECLAM und UNIVERSAL-BIBLIOTHEK sind eingetragene Marken
der Philipp Reclam jun. GmbH & Co., Stuttgart
ISBN 3-15-016026-X

www.reclam.de

Inhalt

I. Kommentar, Wort- und Sacherläuterungen

Ein erster Teil der Erzählung – bis 28,30, gefolgt von der Ankündigung »Die Fortsetzung folgt« – wurde im 6. Stück der von Heinrich von Kleist und Adam Müller herausgegebenen Zeitschrift *Phöbus* vom Juni 1808 (erschienen im Oktober 1808) abgedruckt. Die Ankündigung der Fortsetzung wurde nicht eingelöst; der *Phöbus* kam nicht über den ersten Jahrgang hinaus.

Der 1810 erschienene erste Band der *Erzählungen* Heinrich von Kleists enthielt den vollständigen Text, wobei das zwei Jahre zuvor im *Phöbus* publizierte erste Viertel der Erzählung überarbeitet wurde. Ein Manuskript ist nicht erhalten. Während die ältere Forschung das *Phöbus*-Fragment als erste und den Druck von 1810 als zweite ›Fassung‹ des *Michael Kohlhaas* bezeichnet hatte, wurde dieser Sprachgebrauch in der neueren Editionsphilologie problematisiert. Sowohl die Schreibintentionen Kleists als auch insbesondere die diskursiven Kontexte seien 1808 noch andere gewesen als zwei Jahre später. Von einem »identischen Kern« der beiden Texte (Reuß, 1990, S. 7) könne man nicht ohne weiteres ausgehen. Das *Phöbus*-Fragment wird daher nicht mehr bloß als Vorstufe der Erzählung rezipiert, sondern als selbständiger Text, dessen Fragmentcharakter nicht unter Hinweis auf die spätere Fortsetzung aufgelöst wird. So präsentieren die beiden maßgeblichen neueren Kleist-Ausgaben (DKV-Ausg. und BKA; vgl. »Literaturhinweise«, Kap. V) den *Phöbus*-Text nicht bloß ausschnittweise im Variantenapparat, sondern als ganzen – in der DKV-Ausgabe als Paralleldruck mit dem Druck von 1810, in der BKA in einem eigenen Teilband. Eine solche philologisch angemessene Präsentation des ganzen *Phöbus*-Fragments würde den Rahmen des vorliegenden Bandes sprengen. Wenn jedoch das Fragment als selbständiger Text zu lesen ist, so gilt umgekehrt, dass auch der Druck von 1810 ohne ständigen Vergleich mit der (nun nicht mehr so genannten) ›Vorstufe‹ rezipiert werden kann und die Varianten des *Phöbus*-Drucks nicht unbedingt zum Verständnis der späteren Erzählung beitragen. Im folgenden Kommentar wird daher nur auf einige ausgewählte Stellen und Passagen des Fragments verwiesen, von denen die spätere Erzählung besonders signifikant abweicht.

[Titel] *Michael Kohlhaas:* Das historische Vorbild für Kleists Titelfigur trug den Namen Hans Kohlhase. Der historische Vorfall, der dessen Fehde auslöste, ereignete sich am oder um den Michaelistag (29. September) 1532; Kohlhase war auf dem Weg zum Leipziger Michaelismarkt. – *Michael:* (hebr.) ›Wer ist Gott gleich?‹ oder ›Wer ist wie Gott?‹; ferner Schutzheiliger des deutschen Volkes (›deutscher Michel‹). Wittkowski (2002) macht darauf aufmerksam, dass die christlichen Konfessionen dem Erzengel Michael, dem Schutzpatron des Volkes, in ihrer Liturgie am Michaelistag das so genannte ›Ärgernis-Kapitel‹ (Mt. 18) widmen, mit Jesu Drohung des rächenden Gerichtes an solche, die Unrecht gegen Schutzbefohlene verüben.
Aus einer alten Chronik: Der Untertitel findet sich lediglich (in Klammern) auf dem Titelblatt des Erstdrucks (im 1810 erschienenen ersten Band von Kleists *Erzählungen*), nicht aber in der Überschrift der Erzählung selbst. Zu den (möglichen) Quellen vgl. Kap. II,1 im vorliegenden Band.

3,1 *An den Ufern der Havel:* Der historische Kohlhase lebte in Cölln an der Spree, heute ein Teil Berlins (vgl. die Karte zum Schauplatz, S. 57). Durch die Verlegung des Schauplatzes wird schon hier das Motiv der Grenzüberschreitung eingeführt, denn die Havel war der Grenzfluss zwischen Mecklenburg und der Uckermark und für häufige Überschwemmungen bekannt.

3,1f. *um die Mitte des sechzehnten Jahrhunderts:* Der historische Hans Kohlhase wurde um 1500 geboren und 1540 hingerichtet. Seine Fehde gegen das Kurfürstentum Sachsen führte er von 1534 bis 1540. Der Faktizitätsanschein der Gattungsbezeichnung ›Chronik‹ wird bereits durch diese ungenaue Zeitangabe unterlaufen.

3,2 *namens:* im Erstdruck groß geschrieben. Diese Schreibung (nach der vollständigen Form ›des Namens‹) findet sich durchgängig bei Kleist.

3,3f. *einer der rechtschaffensten zugleich und entsetzlichsten Menschen:* Verschärfung gegenüber dem *Phöbus*-Druck; dort heißt es: »einer der außerordentlichsten und fürchterlichsten Menschen seiner Zeit«. Kohlhaas ist »ein zum Leben erwachtes Oxymoron« (Földényi, 1999, S. 390). Sowohl dem Inhalt als auch der sprachlichen Form nach könnte die Wendung Luthers Formulierung »simul iustus et peccator« nachgebildet sein. Der Mensch ist nach der lutherischen Anthropologie zugleich gerecht und sündig. Das Zitat taucht in Luthers Schriften und Predigten immer wieder auf, früh und prägnant im Kommentar zum Galaterbrief von 1519, wo es heißt, der Mensch, in der Welt noch Sünder, aber im Glauben (»sola fide«) vor Gott und von Gott schon gerechtfertigt, sei »Simul ergo iustus, simul peccator« (Martin Luther, *Werke. Kritische Gesamtausgabe*, Bd. 2, Weimar 1884, S. 497, Z. 13).[1] – Gernot Müller verweist als Parallele auf die berühmte Wendung Kleists in einem Brief an Marie von Kleist (Spätherbst 1807) vom »Schmutz zugleich und Glanz meiner Seele« (SW 2,797). – *rechtschaffensten:* nach Adelung, Bd. 3, Sp. 1007, nur in weiterer Bedeutung positiv zu verstehen, nämlich im Sinne von »völlig so beschaffen, wie die Regel [...] es erfordert«, in engerer Bedeutung dage-

---

1 Freundlicher Hinweis des Instituts für Spätmittelalter und Reformation an der Evangelisch-Theologischen Fakultät der Universität Tübingen, Lehrstuhl Prof. Dr. Ulrich Köpf.

gen negativ: »Neigung und Fertigkeit besitzend, das zu thun was recht ist, bloß weil es recht ist«.

3,5 f. *bis in sein dreißigstes Jahr:* Beginn einer Reihe von Anspielungen auf Christus, der nach Lk. 3,23 mit etwa dreißig Jahren erstmals öffentlich aufgetreten sein soll.

3,6 *Muster:* sittliches Vorbild. – *Staatsbürger:* nach Campe, Bd. 4, S. 567, bes. Mitglied des Staates, das Stimmrecht bei der Gesetzgebung hat.

3,7 f. *in einem Dorfe, das noch von ihm den Namen führt:* Kohlhasenbrück am Griebnitzsee zwischen Berlin und Potsdam. Der Ort ist nicht nach Hans Kohlhase und an anderer Stelle in der Erzählung auch nicht nach Michael Kohlhaas benannt; vgl. Anm. zu 81,25 f.

3,8 *Meierhof:* ›Meier‹ ist ein Erbpächter; die Erbpacht war alle neun Jahre zu erneuern. Kohlhaas wird jedoch als Besitzer seines Anwesens dargestellt, sodass hier allg. ›Bauernhof‹ gemeint ist.

3,9 *Gewerbe:* Kollektivbildung für alle Geschäfte, die dem Erwerb des Unterhalts dienen.

3,13–15 *die Welt würde ... nicht ausgeschweift hätte:* Der Satz ist ironisch zu verstehen, da es ohne ›Ausschweifung‹ gar kein »Andenken« an Kohlhaas – und also auch keinen Segen – gegeben hätte. Möglicherweise ist diese Stelle als erstes Glied einer Kette von Indizien für die Beschränkung der Erzählperspektive und der Wertungen des Erzählers einzuschätzen. – Ferner kann die Erzählung von Anfang an auch als Kontrafaktur zu Schillers Erzählung *Der Verbrecher aus verlorener Ehre* gelesen werden (vgl. Kap. III,4). Dort wird als *proton pseudos*, als Ursache allen Übels, nicht in täterzentrierter Sichtweise eine Charaktereigenschaft des Protagonisten dingfest gemacht, wie es hier durch Kleists Erzähler geschieht, sondern das Verhalten der Obrigkeit gegenüber der Hauptfigur, und zwar nicht durch den Erzähler, sondern durch den Protagonisten selbst: »Wäre mir damals die Billigkeit minder versagt worden,

so würde ich jetzt vielleicht keiner Gnade bedürfen«
(Friedrich Schiller, *Sämtliche Werke*, auf Grund der
Originaldrucke hrsg. von Gerhard Fricke [u. a.], München ³1962 [im Folgenden zit. als: Schiller, *Werke*],
Bd. 5, S. 31). Vgl. auch den Schlusssatz von Kleists Erzählung *Die Marquise von O…*: »er würde ihr damals
nicht wie ein Teufel erschienen sein, wenn er ihr nicht,
bei seiner ersten Erscheinung, wie ein Engel vorgekom-
men wäre« (SW 2,143). – *wenn er in einer Tugend nicht
ausgeschweift hätte:* Nach der aristotelischen Ethik ist
die Tugend inhaltlich bestimmt als Mitte (*mesotes*) zwischen Extremen. Die Ausschweifung in einer Tugend
würde demnach die Vernachlässigung der anderen Tugenden nach sich ziehen und damit das geforderte Maß
verletzen.

3,15 *Rechtgefühl:* In Kleists besondere Schreibung ohne
Bindungs-s wurde viel hineininterpretiert. Zum »Rechtgefühl« als geradezu religiösem oberstem Wert bei Kleist
vgl. *Die Familie Schroffenstein* (SW 1, V. 1814–19):
»Denn über alles siegt das Rechtgefühl / Auch über
jede Furcht und jede Liebe, / Und nicht der Herr, der
Gatte nicht, der Vater / Nicht meiner Kinder ist so heilig mir, / Daß ich den Richterspruch verleugnen sollte, /
Du bist ein Mörder.« – Vgl. auch 9,15.

3,17 *Koppel:* Gruppe mit Halsbändern zusammengebun-
dener Pferde.

3,18 *Ausland:* hier, von Brandenburg aus gesehen: Sachsen.

3,19 *Gewinst:* Überschuss nach Abzug der Unkosten.

3,21 *Wirte:* hier: Wirtschafter, Haushalter.

3,22 *Elbe:* im *Phöbus*-Druck, in dem sich keinerlei sächsische Ortsnamen finden, »Gränzfluß«. Die Elbe war im
16. Jh. kein Grenzfluss; die politische Grenze verlief
nordöstlich der Elbe (vgl. Karte, S. 57). Das Fehlen
sächsischer Ortsnamen könnte durch Zensurrücksich-
ten zu erklären sein, da der *Phöbus* in der sächsischen

Hauptstadt Dresden erschien. Denkbar ist aber auch, dass Kleist die antisächsische Stoßrichtung 1808 noch nicht in gleicher Weise erwogen hatte.

3,27 *Schlagwärter:* Wärter des Schlagbaums; Neubildung Kleists.

3,31 f. *Landesherrliches Privilegium:* vom Landesherrn, hier dem sächsischen Kurfürsten, verliehenes Vorrecht (zur Erhebung eines Zolls für die Grenzüberschreitung).

3,32 *Junker:* junger Herr. Nach Adelung (Bd. 2, Sp. 1454 f.) wurde die Bezeichnung zu Kleists Zeit nur noch umgangsspr. für einen Jungen von niederem Adel gebraucht, in weiterer Bedeutung auch für einen erwachsenen Edelmann, »obgleich mit einiger Verachtung« (ebd.). In besonders schlechtem Ansehen standen die Landjunker, die »die feinern Sitten der Stadt und des Hofes« nicht kannten (ebd., Sp. 1888).

3,32 f. *Wenzel von Tronka:* unhist. Name; der Fehdegegner des Hans Kohlhase hieß Günther von Zaschwitz. ›Wenzel‹ ist verkürzt aus ›Wenzeslaus‹. Nach Adelung (Bd. 4, Sp. 1492) werden in manchen deutschen Kartenspielen die Buben als »Wenzel« bezeichnet.

4,2 *Schlagfluss:* Schlaganfall; sprachlicher Bezug zu »Schlagbaum« und »Schlagwärter«.

4,5 f. *Handel und Wandel:* nach Adelung (Bd. 4, Sp. 1376) alle Arten des Gewerbes im sog. Nahrungsstande (urspr. Tauschhandel). – In der Erzählung ist hier das im Rahmen der preußischen Reformen aktuelle Thema der Gewerbefreiheit angesprochen, mit dem sich Kleist bei seinen finanzwissenschaftlichen Studien als Diätar der Domänenkammer in Königsberg beschäftigte. Insbesondere die überkommenen Privilegien des Landadels erscheinen als Hindernis des einsetzenden bürgerlichen Handels. Vgl. Kleists Brief vom 10. Februar 1806 an den preußischen Finanzminister Karl Freiherrn von Stein zum Altenstein: »Wenn es mir vergönnt wird, noch diese Zeit über bei der hiesigen Kammer zu arbeiten, so werde ich das Befreiungsgeschäft der Zünfte (mein Lieblingsgegenstand) völlig auslernen. Bisher ist man nur mit Hinwegschaffung der Mißbräuche, und Befreiung der Gewerbe innerhalb der Zunftschranken, beschäftigt gewesen; vor wenig Tagen ist aber ein Reskript eingegangen, das die völlige Auskaufung der Zunftgerechtsame, und gänzliche Wiederherstellung der natürlichen Gewerbsfreiheit eingeleitet hat« (SW 2,763). Vgl. auch den Artikel zur »Gewerbfreiheit« im 55. Blatt von Kleists *Berliner Abendblättern* vom 3. Dezember 1810 (vgl. Kap. III,2).

4,6 f. *Steindamm:* im *Phöbus*-Druck nur ein »Knüppeldamm«.

4,9 *Groschen:* Silber- bzw. (in Preußen) Kupfermünze im Wert zwischen Pfennig und Taler.

4,11 *»Ja, Alter«:* Kleist verwendet Anführungszeichen nicht durchgängig zur Kennzeichnung direkter Rede, sondern als graphisches Mittel der Hervorhebung, ähnlich den Ausrufezeichen im Satzinnern, z. B. in der folgenden Zeile (4,12). Die Interpunktion folgt bei Kleist weniger, wie heute, der Grammatik als vielmehr der Rhetorik.

4,17 *Rosskamm:* Die in Kommentaren häufig erwähnte Herleitung vom Kamm zum Striegeln der Pferde als Metonymie zur Bezeichnung des Pferdehändlers dürfte eine Scheinetymologie sein. Der »Rosskamm« ist ein ›Rosstäuscher‹ von lat. *cambiare* ›tauschen‹ bzw. *cambium* ›Tauschhandel‹.

4,18 *Burgvogt:* Burggraf; vom Eigentümer ernannter Hauptmann, der die Aufsicht über Burg und Besatzung sowie die Verwaltung des Gerichtswesens und der Einkünfte aus ihrem Gebiet innehat.

4,21 *weitläufigen Leib:* Euphemismus für ›dicker Bauch‹.

4,23 *Passschein:* Passierschein, für Menschen und bes. auch für Waren.

4,24 *betreten:* ein von Kleist häufig eingesetztes Signalwort zur Kennzeichnung eines ungewissen Bewusstseinszustands der Figuren, der mit ›bestürzt, verwirrt, verlegen‹ zu umschreiben ist und meist eine Situationsveränderung anzeigt.

4,26 *Ding des Herrn:* wörtl.: ein Ding Gottes. Mit dieser gleichermaßen kritisch wie scherzhaft zu verstehenden Wendung wird sowohl auf die Willkür der Forderung angespielt als auch der Versuch unternommen, die Situation zu retten.

5,1 f. *die Verordnung deshalb:* die diesbezügliche Verordnung.

5,2 *neuerlich:* neulich, vor kurzem.

5,3 *lösen:* auslösen, d. h. kaufen.

5,9 *filzigen:* geizigen.

5,11 f. *Es traf sich:* häufig verwendete Formel des Erzählers, mit der Zufälle und plötzliche, unerwartete oder auch unwahrscheinliche Wendungen im Geschehen eingeführt werden.

5,19 *Tross:* hier: Menge, Haufen (häufig auch abwertend).

5,24 *Schweißfuchs:* »eine Art Füchse, d. i. röthlicher Pferde, deren dunkeles Haar mit Weiß so schattiret ist, daß sie mit Schweiße bedeckt zu seyn scheinen« (Adelung, Bd. 3, Sp. 1737).

5,25 *Blesse:* weißer länglicher Fleck, bes. an Stirn und Füßen.

5,28 *gezogen:* gezüchtet.

5,32 *lag ihm an:* jmd. anliegen: abwertend für ›jmd. dringend und unaufhörlich bitten‹.

5,35 *sich erklärt:* seine Meinung geäußert (über den Preis).

5,36 *Tafelrunde:* Runde der bedeutendsten Ritter um den sagenhaften britisch-keltischen König Artus (Arthur).

6,1 *anschlage:* berechne, schätze.

6,6 *Goldgülden:* Goldmünze, im Unterschied zu silbernen Gulden; in Sachsen knapp zwei Taler wert.

6,13 *Gaulen:* ungewöhnlicher Plural für ›Gaul‹; hier nicht abwertend, sondern im Sinne von ›großes Pferd, starkes Kriegs- und Turnierpferd‹ (im Unterschied zum Arbeitspferd).

6,21 *verlegnen:* hier: unruhig, betreten, bestürzt; »mit Unruhe ungewiß, wie man einer Schwierigkeit abhelfen soll« (Adelung, Bd. 4, Sp. 1081).

6,26 *Dresden:* Im *Phöbus*-Druck steht hier wie im Folgenden statt »Dresden« stets »Hauptstadt«.

6,27 *Geheimschreiberei:* Kanzlei, zuständige Behörde (von *geheim* ›zum Heim, zum Haus, d. h. zum Herrscherhaus, gehörig‹).

6,31 *Schlucker:* (niederdt.) Schmarotzer / (hochdt.) armer, ausgehungerter Mensch.

6,35–7,1 *wegen der Rappen:* scheinbarer Versprecher (denn Kohlhaas soll das Pfand nicht wegen der Rappen, sondern wegen des Pass-Scheins zurücklassen), eingesetzt als Vorausdeutung. Im *Phöbus*-Druck findet sich dieser Zusatz nicht.

7,6 *betreten:* vgl. Anm. zu 4,24.

7,9 *Last:* (umgangsspr.) Menge.

7,15–17 *spannte die Rappen aus … ließ einen Knecht bei ihnen zurück:* vgl. das bei Darlehnsgeschäften seit dem späten 12. Jh. bestehende »Rechtsinstrument des ›Einlagers‹, bei dem Schuldner und Bürgen sich verpflichteten, mit mindestens zwei Pferden und einem Knecht an einem bestimmten Ort einzureiten und dort Herberge zu halten, bis sie sich ausgelöst haben würden« (Klein, 1982, S. 69).

7,16–8,2 *Er ließ einen Knecht … zur Tronkenburg zurück:* Im *Phöbus*-Druck heißt es: »Er ließ einen Knecht bei ihnen zurück, versah ihn mit Geld, ermahnte ihn, die Pferde wohl in Acht zu nehmen, und setzte endlich, nachdem er noch versprochen hatte, die Pferde in drei Wochen unfehlbar wieder abzuholen, seine Reise mit dem Rest der Koppel fort. Hierauf besuchte er nun die Märkte, kam auch, im Kreise seiner Wanderung, auf die

Hauptstadt seines Landes zurück, wo er erfuhr, was er
schon wußte, daß die Geschichte von den Paßscheinen
ein Mährchen sei, und kehrte, mit einem schriftlichen
Schein von der Geheimschreiberei über den Ungrund
derselben, ohne irgend weiter ein bitteres Gefühl, als
das des allgemeinen Elends der Welt, zur Tronkenburg
zurück.«

7,20f. *wegen aufkeimender Pferdezucht:* Kohlhaas hält einen Schutzzoll gegen Importe zu Gunsten des in Sachsen neu entstehenden Wirtschaftszweigs der Pferdezucht für möglich.

7,24f. *In Dresden, wo er ... besaß:* Kohlhaas ist Hausbesit-
zer sowohl in Brandenburg als auch in Sachsen. Ob er
damit (im heutigen Sinne) als ›doppelter Staatsbürger‹
bezeichnet werden kann, bleibt offen. Immerhin wird
das mit Kohlhaas verbundene Motiv der Grenzüberschreitung fortgeführt; vgl. Anm. zu 3,1. Später bezeichnet er beide Kurfürsten als seine Herren; vgl. 47,12f. –
Dresden war zu Kleists Zeit die Hauptstadt von Sachsen; zu Hans Kohlhases Zeit war jedoch Wittenberg
Sitz des Kurfürsten. Kleist ignoriert in der Erzählung,
dass Sachsen von 1485 bis 1547 durch die Trennung der
Ernestinischen und der Albertinischen Linie der regie-
renden Wettiner in das Kurfürstentum und das Herzog-
tum Sachsen geteilt war. – Im *Phöbus*-Druck besitzt
Kohlhaas nur die Meierei in Kohlhasenbrück. Auch bei
den späteren Verkaufsverhandlungen mit dem Amtmann wird keine weitere Besitzung erwähnt.

7,28 *Räten:* niedere Regierungsbeamte.

7,32f. *Ungrund:* Unwahrheit.

7,33 *Witz:* urspr.: Verstand, Scharfsinn; doch dürfte auch
schon die heutige Bedeutung mit gemeint sein.

7,35–37 *die Koppel ... verkauft:* Der temporale Nebensatz
wird durch eine Partizipialkonstruktion ausgedrückt –
ein typischer Stilzug Kleists, der möglicherweise dem
Vorbild der französischen Grammatik folgt.

8,7 *Auftritt:* fig. für ›merkwürdiger Vorgang‹.

8,9 *zerprügelt:* Intensivform von ›verprügelt‹.

8,12 *besorgt:* versorgt.

8,17 *Mähren:* hier: schlechtes, elendes Pferd.

8,18 *Riegeln:* hier: Querstangen.

9,1 *menschlich:* Dass Kohlhaas den Tieren gegenüber ein ›menschliches‹ Verhalten einklagt, verweist auf die symbolische Bedeutung der Rappen in der Erzählung.

9,10 *Flausen:* leeres Gerede, Vorspiegelungen, Scherereien.

9,14 *Kot:* Schmutz.

9,15 *Goldwaage:* ambivalentes Bild; gerade das äußerst feine und genaue Messinstrument liefert kein zuverlässiges Ergebnis (»wankte noch«). Vgl. auch Jupiter zu Alkmene in Kleists Drama *Amphitryon*, V. 1395 f.: »Wer könnte dir die augenblickliche / Goldwaage der Empfindung so betrügen?«

9,16–18 *er war … seinen Gegner drücke:* Im *Phöbus*-Druck heißt es: »er war bei sich selbst noch, ob er beleidigt sei, nicht gewiß«.

9,16 *Schranke:* Gerichtsschranke; Gitter, das die Parteien von Richtern und Beisitzern trennt.

9,18 f. *die Schimpfreden niederschluckend:* Im *Phöbus*-Druck heißt es: »auf eine träumerische Art«.

9,21 *Versehens:* Vergehens.

9,23 *Schlingel:* nach Adelung (Bd. 3, Sp. 1535) »ein im höchsten Grade träger und ungesitteter Mensch«.

9,30 *dickmäuligen:* großmäuligen.

10,6 *verführe:* vollführe.

10,13 *H… A…:* Hans Arsch.

10,14 *Günther:* Günther von Zaschwitz hieß der Fehdegegner des Hans Kohlhase.

10,15 f. *indem er sich … schüttelte:* möglicher Bezug auf die Worte Jesu nach Mt. 10,14: »Und wenn euch jemand nicht aufnehmen wird noch eure Rede hören, so geht heraus von jenem Hause oder jener Stadt und schüttelt den Staub von euren Füßen.« Kohlhaas erscheint durch diese Geste des Junkers als Widersacher Christi, während er zu Beginn als Christus-Figuration eingeführt wurde (vgl. Anm. zu 3,5 f.). Diese Ambivalenz in der Bewertung Kohlhaases setzt sich fort.

10,18 *Abdecker:* von *abdecken* ›die Haut (Decke) abziehen‹ (von totem Vieh). Der Beruf des Abdeckers galt, wie auch der des Henkers, als ›unehrlich‹, aus der ständischen Gesellschaft ausschließend.

10,19 *Schindanger:* grüner Platz (Wiese außerhalb der Stadt), auf dem das tote Vieh vom Abdecker ›geschunden‹ (enthäutet) wird.

10,31 f. *ein richtiges, … Gefühl:* Die illusionslose Erkenntnis des Zustandes »der allgemeinen Not der Welt« (8,1) und der unvermeidlichen Fehlbarkeit und Schuldhaftigkeit aller Menschen, die die Verwirklichung eines Ideals wie der absoluten Gerechtigkeit als unmöglich erscheinen lassen, macht Kohlhaas geneigt, sich selbst nicht außerhalb des Schuldzusammenhangs zu stellen und daher das begangene Unrecht hinzunehmen. Ebenso wird dem Grafen am Schluss von Kleists *Marquise von O…* die Vergewaltigung der Marquise verziehen: »Er fing, da sein Gefühl ihm sagte, daß ihm von allen Seiten, um der gebrechlichen Einrichtung der Welt willen, verziehen sei, seine Bewerbung um die Gräfin, seine Gemahlin, von neuem an« (SW 2,143). Vgl. zum Zustand der Welt nach dem Sündenfall auch Prothoe in *Penthesilea* (SW 1, V. 2853–55): »[…] was du hier erblickst, / Es ist die Welt noch, die gebrechliche, / Auf die nur fern die Götter niederschaun.«

10,31 f. *gebrechlichen:* hier: unvollkommen, fehlerhaft.

11,9 f. *Lisbeth:* Kurzform von Elisabeth. Die Namensgebung folgt möglicherweise Goethes *Götz von Berlichingen,* in dem die Frau des Titelhelden Elisabeth und sein Gefolgsmann Lerse heißt. Auch zwischen den historischen Fehdefällen des Götz von Berlichingen und des Hans Kohlhase bestehen Parallelen.

11,32 *Herse:* Müller-Tragin (1999, S. 28) behauptet, der Name Herse, der in den Chroniken nicht genannt wird, finde sich in den Originalakten zu Hans Kohlhase, was für Kleists Kenntnis der Akten spräche. In der Teiledition der Akten durch Dießelhorst/Duncker (1999) heißt jedoch Kohlhases Knecht an den Stellen, auf die Müller-Tragin verweist, »Hensel der schreyber« (ebd., S. 303) bzw. »das Junge Knechtleynn Hensigenn« (ebd., S. 306). Auf meine Anfrage hin hat Müller-Tragin die Transkriptionen der Namen an Hand seiner Mikrofilmkopien der Akten überprüft und ist dabei zu dem Schluss gekommen, dass Dunckers Transkription vermutlich zutreffender sei.[2]

11,14 *unselig:* hier: höchst unglücklich.

12,15–20 *da habt Ihr Recht, Herr! … ich will's nicht!:* Im *Phöbus*-Druck steht lediglich: »da habt ihr Recht, Herr! antwortete er; denn ich schlug einen Schwefelfaden wieder aus, womit ich das Nest schon, da ich zerschlagen in der Nacht hinausgestoßen worden war, in Brand stecken wollte.«

12,18 f. *als ich ein Kind darin jammern hörte:* vgl. 29,26–29.

13,11 *Um dieser Ungefälligkeit:* »Um« im Sinne von ›wegen‹ oder ›um … willen‹.

13,13 f. *gottvergessene Missetat:* eine böse Handlung, bei der Gott und seine Gebote vergessen wurden.

13,30 *die Stimme fallen ließ:* leiser (und tiefer) sprach.

13,31 *sieben Ritter:* Beginn der apokalyptischen Anspielungen, die das Geschehen auf eine eschatologische Ebene heben; vgl. die Siebenzahl in der neutestamentlichen Offenbarung des Johannes: Offb. 8,2, 12,3 und bes. 15,1, wo sieben Engel mit sieben Plagen erscheinen.

14,21 *Gesindestube:* Gesinde: Bedienstete.

---

2 Freundliche Mitteilung von Dr. Christoph Müller-Tragin, Zollikofen/ Schweiz, 11. November 2000.

14,29 *Schwemme:* »Der Ort, wo Thiere zur Erfrischung oder zur Abspülung der Unreinigkeiten schwimmen müssen« (Adelung, Bd. 3, Sp. 1742).

14,33 *Spitzbuben:* listiger Betrüger.

14,34 *Galgenstrick:* ein des Galgens würdiger Mensch.

15,1 *Er:* Anrede für eine Person niederen Standes; hier unhistorisch, da erst seit Mitte des 18. Jh. in dieser Form gebräuchlich. Im Erstdruck wird das Anredepronomen klein geschrieben.

15,9 f. *Sielzeug:* Pferdegeschirr.

15,24–27 *Kohlhaas sagte ... sagte er:* Im *Phöbus*-Druck heißt es: »Kohlhaas saß, bleich im Gesicht, wie Linnenzeug: seine Lippen begleiteten zitternd jeden Zug, den ihm der Knecht, mit nur zuviel innerlicher Wahrhaftigkeit, vortrug. Er sagte, mit erzwungenem Lächeln: hast du auch nicht entweichen wollen, Herse? Und da dieser erröthend vor sich niedersah: komm her, setzte er hinzu, und gesteh' mir's, wenn's ist, ich verzeih dir.«

15,25 *Schelmerei:* hier: Handlung, bei der jmd. unter unschuldigem Äußeren harmlos hintergangen wird.

15,35–16,2 *Nun, nun! ... nehmen:* Das Verhör erfolgte nach dem Muster der »Lehre vom Gegensatz« und der ›gegensätzischen Schule‹, wie sie in Kleists Schrift *Allerneuester Erziehungsplan* entwickelt wird (vgl. SW 2,329–335). Demnach soll Tugend durch Laster, hier also Wahrheit durch Lüge des Verhörenden erzeugt werden.

15,37–16,2 *das Abendmahl ... darauf nehmen:* Form des Schwurs.

16,4 f. *dir soll Gerechtigkeit widerfahren!:* »Gerechtigkeit« ist hier sowohl juristisch als auch religiös zu verstehen.

16,6 f. *Großknecht:* erster und vornehmster Knecht.

16,18 *ein Werk Gottes:* eine Tat im Sinne Gottes (Genitivus Obiectivus).

16,26 f. *umständlichen:* mit allen Umständen.

16,29 f. *Wiederherstellung ... in den vorigen Stand:* Der

lat. Rechtsterminus der *restitutio in integrum*, der hier verwendet wird, hat sowohl eine juristische als auch eine theologische Bedeutung: Auf juristischer Ebene wird die beschädigte Sache wieder in den früheren, unversehrten Zustand versetzt, theologisch wird eine Rückkehr der Welt in den Zustand vor dem Sündenfall konnotiert. Damit werden erneut die zwei Ebenen des Rechtsstreits bezeichnet; vgl. Anm. zu 16,4f.

17,8 *ansehnlicher:* angesehener.

17,17 *Resolution:* Urteil.

17,19 *vertrauten:* vertraulichen.

17,21 *Insinuation:* hier: Übergeben einer gerichtlichen Schrift; sonstige Konnotationen (nach Schweizer): 1. Einschmeichlung, 2. geschicktes Anbringen, feines Einkleiden einer Sache in Rede oder Schrift.

17,25 *Hinz und Kunz:* Kurzformen für Heinrich und Konrad (d. i. ›Ratgeber‹); bereits um 1300 formelhaft für ›jedermann‹.

17,27 *Mundschenk:* Aufseher über das Getränk des Herrn, schenkt bei der Tafel ein. Das Amt bezeichnete eine hohe Würde. – *Kämmerer:* 1. erster Hofbediensteter (von *Kammer* ›fürstl. Wohnzimmer‹), 2. Verwalter der landesherrlichen Einkünfte, 3. Gerichtspräsident.

17,36–20,18 *Kohlhaas befand sich … verschonen.«:* Diese Passage fehlt im *Phöbus*-Druck.

17,36f. *Brandenburg:* hier nicht das Kurfürstentum, sondern die Stadt Brandenburg.

17,37 *Stadthauptmann:* Vorsteher der Bürgerschaft.

18,8 *Presshaften:* Bresthaften, d. h. Gebrechlichen, körperlich oder seelisch Kranken.

18,16 *Kessels:* Vertiefung.

18,22f. *eine Träne auf den Brief, … fallen ließ:* Die aktivische Formulierung passt nicht ganz zu dem eigentlich unwillkürlichen Vorgang, sodass ein Kleist'sches Generalthema mit anklingt: die stets denkbare Inszenierung von Gefühlen, die die Zeichendeutung erschwert und es

unmöglich macht, von einem äußeren, körperlichen Indiz zuverlässig auf ein Inneres, ein zu Grunde liegendes
Gefühl, zu schließen. – Vgl. auch den Schluss von Schillers Erzählung *Der Verbrecher aus verlorener Ehre*:
»[...] bitten Sie für mich, alter Mann, und lassen Sie
dann auf Ihren Bericht eine Träne fallen« (Schiller, *Werke*, Bd. 5, S. 35).

18,26 f. *so klopfte ihm dieser würdige Mann:* Im Erstdruck
fehlt »ihm«, das Sembdner hier in seiner Ausgabe eingefügt hat (SW 2,22).

18,34 *Supplik:* Bittschrift.

19,6 *einkommen:* eine Bitte vorbringen.

19,19 *Gerichtsherrn:* Vorsteher der örtlichen Gerichtsbarkeit.

19,21 *Kanzler:* Vorsteher der Kanzlei, des Ortes, an dem
schriftliche Ausfertigungen vorgenommen und Urkunden aufbewahrt werden.

20,2 *Mond:* Monat.

20,5 *Reskript:* Antwort des Landesherrn auf ein Bittschreiben.

20,11–18 *»er sei, ... verschonen.«:* Die Anführungszeichen
trotz indirekter Rede dienen wiederum der Hervorhebung; vgl. 4,11 mit Anm.

20,17 *Plackereien:* beschwerliche, unbefugte Erpressungen.

20,18 *Stänkereien:* Zank, unnützer Streit.

20,27–29 *der einzige Fall, ... gefasst war:* Die umständliche Wendung spiegelt den wirren Gefühlszustand
Kohlhaases. Eine eindeutige Paraphrase ist schwierig:
Rückführung der Pferde und Entschuldigung des Junkers würden es Kohlhaas unmöglich machen, seine Position zu behaupten und seinem Gefühl zu entsprechen.
Er würde, was durch die Struktur des Satzes bereits angedeutet wird, seine Ordnung verlieren, wozu es jedoch
nicht kommt; vgl. 20,33–36.

20,36 *Amtmann:* Befugnisse und Zuständigkeiten von

Amtleuten waren regional unterschiedlich und bestanden vor allem in der Rechtspflege und der öffentlichen Sicherheit. Bürgerliche Amtleute dienten als Stellvertreter (Pächter) von Adligen.

21,5 *in Pausch und Bogen:* im Ganzen gerechnet. Bei Grenzen bezeichnete ›Bausch‹ die nach außen, ›Bogen‹ die einwärts gehende Fläche. – *nagelfest:* am Haus befestigt; im Unterschied zur beweglichen Habe.

21,25 *Vater:* Hausvater, Vorsteher des patriarchalischen Hauswesens. – *nichtswürdig:* wertlos, bedeutungslos.

21,35 f. *in vier Wochen verfallener Kaufkontrakt:* Frist des Vertrags; *Zeitpunkt,* an dem er in Kraft tritt und die Zahlung fällig wird.

22,1 *Reukauf:* Summe, die von einem Vertragspartner für die Auflösung des Kaufvertrags entrichtet werden muss.

22,16 *sonderbare Art:* hier: besondere, ungewöhnliche Art. – *stipuliert:* eingeräumt, vereinbart.

22,24 *nichtswürdig:* vgl. Anm. zu 21,25.

23,6 f. *Hamburger Bank:* Es handelt sich um einen Anachronismus, da die erste Hamburger Bank im Jahre 1619 gegründet wurde. Im *Phöbus*-Druck wird die Bank nicht erwähnt.

23,7 *Wein:* Während mit dem Hinweis auf die Hamburger Bank auf die moderne Finanzwirtschaft angespielt wird, kommt hier das mittelalterliche Rechtsinstitut des Weinkaufs ins Spiel: »ein gemeinsames Trinken von Wein markiert die Gültigkeit des Rechtsaktes« (Boockmann, 1985, S. 88).

23,16 *Polen und Türken, … im Streit lagen:* Unter den Jagiellonen (Sigismund I., König 1506–48) war Polen-Litauen die stärkste osteuropäische Macht von der Ostsee bis zum Schwarzen Meer und ›Bollwerk‹ des Abendlandes gegen Mongolen und Türken. Die Auseinandersetzungen zwischen Polen und den von der Türkei unterstützten Krimtataren fanden allerdings bereits im 15. Jh. statt und endeten 1533.

23,18 *Konjekturen:* Vermutungen. – *schlüsslich:* schließlich (von *Schluss*).

23,36–24,5 *weil ich ... nicht schützen wird?:* Im *Phöbus*-Druck heißt es: »weil ich in einem Lande, liebste Lisbeth, in welchem man mir mein Recht verweigert, nicht bleiben mag. Lieber ein Hund sein, wenn ich den Fuß lecken soll, der mich tritt, als ein Mensch! Ich bin gewiß, daß meine treffliche Frau hierin nicht anders fühlt, als ich. – Woher weißt du aber, fragte jene wild, daß es dir verweigert werden wird?«

24,10 f. *Der Herr selbst, weiß ich, ist gerecht:* vgl. Psalm 11,7: »Denn der Herr ist gerecht und hat Gerechtigkeit lieb. Die Frommen werden schauen sein Angesicht.« – Vgl. Müller-Seidel (1985), S. 18: »Nicht darauf also kommt es offensichtlich an, daß Gesetzeswerke gerecht sind, sondern daß Rechtspersonen es sind. [...] Hinter Kleists gefordertem Personalbezug steht unverkennbar eine tiefsitzende Angst vor der Anonymität der Bürokratie.« (Freilich bleibt zu bedenken, dass nicht Kleist, sondern Kohlhaas diese Forderung erhebt.)

24,20 *Muhme:* Tante, auch Kusine oder allg. nahe weibliche Verwandte. – *Schwerin:* Stadt in Mecklenburg (im *Phöbus*-Druck: »M...«).

25,3 f. *Lisbeth wagte nicht: ja! ja! ja! zu sagen:* vgl. 76,1. Die Antwort wird – nach der ›gegensätzischen Schule‹ (vgl. Anm. zu 15,35–16,2) – von der Art der Frage bestimmt. Lisbeth gibt jedoch hier nicht die erwartete Antwort, sondern unterwirft sich. – Im *Phöbus*-Druck steht hier lediglich: »Lisbeth schüttelte weinend mit dem Kopf«.

25,6–9 *»Wenn du ... verschaffen!«:* Das Abführungszeichen fehlt im Erstdruck. An mehreren Stellen erscheinen im Druck nur entweder die An- oder die Abführungszeichen (worauf im Folgenden nicht mehr eigens hingewiesen wird). Obwohl dies kein Druckversehen sein muss, sondern eine Kleist'sche Eigenart sein könnte, würde es die Lektüre unnötig erschweren, wenn die Zeichen nicht ergänzt würden.

25,29 f. *Kastellan:* Burgvogt.

25,34–36 *dass er es ihr nur überlassen möchte, ... Vorteil zu ziehen:* Kohlhaas und Lisbeth versuchen, ebenso wie die Tronka-Sippe, persönliche Beziehungen in der Rechtssache zu nutzen, hier jedoch durch eine frühere Bekanntschaft, die beider Ehre gefährden könnte. Ein Vergleich mit dem Kurfürsten von Sachsen und seiner Geliebten Heloise liegt nahe.

26,3 *anzutreten:* von *antreten* ›zu jmd. treten, jmd. um etwas bitten‹.

26,20 *dreist:* 1. (im heutigen Sinne) unverschämt, 2. (im urspr. Sinne) kühn, beherzt, selbstsicher.

27,6–24 *Denn da ein Geistlicher ... angeordnet schien:* Im *Phöbus*-Druck heißt es: »Sie nahm einem vor ihr stehenden Geistlichen, lutherischer Religion (denn zu dieser hatte sie sich bekannt), eine Bibel aus der Hand; blätterte und blätterte, und schien etwas zu suchen; und zeigte Kohlhaas endlich, der an ihrem Bette saß, jenen Vers: vergieb deinen Feinden: thue wohl auch denen, die dich hassen. – Sie drückte ihm dabei die Hand und starb. – Kohlhaas dachte: – – – –; küßte sie, indem ihm häufig die Thränen flossen, drückte ihr die Augen zu, und entließ den Geistlichen. Er ordnete ein, für seinen Stand ungewöhnlich prächtiges, Leichenbegängniß an«.

27,9 *empfindlich:* Empfindung verratend.

27,15 f. »*Vergib ... hassen.«:* Das neuttestamentliche Gebot der Feindesliebe wird ungenau zitiert; vgl. Mt. 5,44: »Ich aber sage euch: Liebet eure Feinde; segnet, die euch fluchen; tut wohl denen, die euch hassen; bittet für die, so euch beleidigen und verfolgen«. Im Hinblick auf die weitere Handlung ist denkbar, dass Lisbeths Fingerzeig auch noch dem nächsten Vers gilt (Mt. 5,45): »Denn er lässt seine Sonne aufgehen über die Bösen und über die Guten und lässt regnen über Gerechte und Ungerechte.«

27,18 f. *»so möge mir Gott … vergebe!«:* Das Verständnis dieses Satzes bereitete den Interpreten immer wieder Kopfzerbrechen. ›Vergeben‹ ist hier im Sinne von ›vergelten‹ zu lesen, sodass sich paraphrasieren lässt: ›Ich hoffe, dass Gott mir meine Taten nicht in gleicher Weise vergilt, wie ich die Taten des Junkers vergelte‹, oder auch: ›Gott möge mir gnädiger sein, als ich es dem Junker gegenüber bin.‹ Wittkowski (2002) liest: ›Gott möge mir nie vergeben, falls ich dem Junker vergebe.‹ Vgl. auch Mt. 6,14 f.: »Denn wenn ihr den Menschen ihre Übertretungen vergebet, so wird euch euer himmlischer Vater auch vergeben. Wenn ihr aber den Menschen nicht vergebet, so wird euch euer Vater eure Übertretungen auch nicht vergeben.« – Möglich ist ferner ein kontrafaktischer Bezug auf den Schluss von Schillers Erzählung *Der Verbrecher aus verlorener Ehre:* »Sie stehen noch einen Schritt von der Ewigkeit, bald – bald brauchen Sie Barmherzigkeit bei Gott. Sie werden sie Menschen nicht versagen – – […] Schreiben Sie es Ihrem Fürsten, wie Sie mich fanden und daß ich selbst aus freier Wahl mein Verräter war – daß ihm Gott einmal gnädig sein werde, wie er jetzt mir es sein wird – bitten Sie für mich, alter Mann, und lassen Sie dann auf Ihren Bericht eine Träne fallen […]« (Schiller, *Werke*, Bd. 5, S. 35). Vgl. auch Anm. zu 18,22 f.

27,19 f. *indem ihm häufig die Tränen flossen:* »häufig« hier im Sinne von ›reichlich, eine Menge‹.

27,23 f. *weniger für sie, als für eine Fürstin:* Das fürstliche Begräbnis ist möglicherweise im Kontext der folgenden Fehdehandlung zu sehen: Kohlhaas will sich auf eine gesellschaftliche Stufe mit dem adligen Junker stellen. Denkbar ist auch, wie Lange (1969) vorschlägt, eine Vorausdeutung auf die apokalyptische Identifizierung Kohlhaases mit dem Erzengel Michael; vgl. Dan. 12,1: »Zu jener Zeit wird Michael, der große Engelfürst, der für dein Volk eintritt, sich aufmachen.«

28,5 *Geschäft der Rache:* Die Wendung betont das Nüchterne, ›Geschäftsmäßige‹ von Kohlhaases Vorgehensweise: Das »Geschäft der Rache« ist ein ›Rechtsgeschäft‹ – gemeint ist nämlich im Kontext des mittelalterlichen Fehdewesens der Schaden, den der Geschädigte dem Schädiger legitimerweise bei Versagen der Justiz zufügen durfte (vgl. Boockmann, 1985).

28,6 *Rechtsschluss:* rechtliches Gutachten.

28,7 *kraft der ihm angeborenen Macht:* Hier wird das mittelalterliche Fehderecht mit der aufklärerischen Naturrechtsdiskussion verquickt. Der »Rechtsschluss« ist daher kein Fehdebrief im Sinne der Quelle, sondern eine Kündigung des Gesellschaftsvertrags unter Berufung auf das Naturrecht. Vgl. zu diesem Problemkreis Kap. III,3. – *Macht:* hier: Recht.

28,9 *binnen drei Tagen nach Sicht:* nach Erhalt des Rechtsschlusses. Drei Tage betrug die fehderechtliche Frist, die vom Erhalt des Fehdebriefes bis zum Beginn der Fehdehandlungen verstreichen musste.

28,14f. *Da die drei Tage, … verflossen:* Später (vgl. 85,21) will Kohlhaas bereits »genau am Tage nach dem Begräbnis meiner Frau« nach Jüterbog aufgebrochen sein. Voreilig wäre es, ein so offensichtliches Versehen Kleists anzunehmen. Eher dürfte damit ein deutliches Signal dafür gesetzt sein, dass die Zuverlässigkeit des Erzählers auch bei anderen Darstellungen und Wertungen generell in Zweifel zu ziehen ist.

28,28 *sieben an der Zahl:* vgl. Anm. zu 13,31.

28,29 *beritt sie:* machte sie beritten.

28,35 *Baracken:* allg. für kleine, schlechte Häuser; hier: kleine Häuser und Hütten an den Wällen innerhalb des Schlosshofes für Gesinde und Soldaten.

28,36 *Windeltreppe:* (niederdt.) Wendeltreppe.

29,2f. *Der Engel des Gerichts fährt also vom Himmel herab:* Als mögliche Bildvorlage dieser mit dem Erzengel Michael verknüpften Vorstellung vgl. Raffaels Gemälde

Sankt Michael mit dem Schwert (um 1504/05; vgl. Abb.
S. 27), das Kleist 1801 im Pariser Louvre gesehen haben
dürfte; vgl. Brief an Adolfine von Werdeck vom November 1801: »Zuletzt ist noch unter den wenigen auf-
gestellten Raphaelen ein Erzengel, von dem man recht
sagen kann, daß er *heranwettert*, einen Teufel niederzu-
schmettern« (SW 2,701). – Kohlhaas agiert im Folgenden beide auf dem Gemälde dargestellten Rollen aus.

29,4 *Tross:* allg. für ›Menge‹, aber auch verächtlich für ein
Gefolge unnützer, liederlicher Leute.

29,14 *zerstreuten:* hier: trennten.

29,25 *nicht niet- und nagelfest:* Im Erstdruck fehlt »nicht«
– vermutlich ein Versehen, da die bewegliche, eben
»nicht niet- und nagelfeste« Habe gemeint sein dürfte.

29,26–29 *flogen, unter dem Jubel Hersens, … herab:* vgl.
mit Herses früherem Verhalten (12,15–20).

30,14 f. *flachen Hieben der Klinge:* Schläge mit der Seiten-
fläche, nicht mit der Schneide der Klinge.

30,18 *wenige Momente nachdem:* Umkehrung der zeitli-
chen Abfolge (Hysteron-Proteron) als Mittel der Dra-
matisierung. Vgl. zum Motiv der Rettung aus dem Feuer bei Kleist *Das Käthchen von Heilbronn* III,14.

30,29 f. Im Erstdruck fehlt an dieser Stelle der Absatz, da
er mit der Seitengrenze zusammenfällt. Dass der Seiten-
fuß der linken und der Seitenkopf der rechten Seite
nicht, wie sonst bei Absätzen üblich, eingezogen sind,
könnte ein Indiz dafür sein, dass tatsächlich kein Absatz
intendiert war, doch könnte es sich auch um ein Versehen auf Grund der Seitengrenze handeln (vgl. Reuß,
1990). Sowohl die DKV-Ausgabe als auch die BKA setzen den Absatz.

31,4 *Fräuleinstift:* klösterliche Stiftung für unverheiratete
adlige Frauen. – *Erlabrunn:* Ort in Unterfranken bei
Würzburg, Kleist möglicherweise von seiner Würzbur-
ger Reise im Jahre 1800 her bekannt.

31,5 *Mulde:* Nebenfluss der Elbe.

Abb. 1 Raffaelo Santi (1483–1520): St. Michael mit dem Schwert
(um 1504/05)

31,9 *Notdurft:* hier: alles, was zur Erhaltung des Lebens
unbedingt notwendig ist.
31,15 *»Kohlhaasisches Mandat«:* Kohlhaases Aufforderung
ist im Kontext des spätmittelalterlichen Fehdewesens zu
sehen. Solche Ankündigungen dienten sowohl zur Betonung der Rechtmäßigkeit der Fehde als auch zur

Wahrung der eigenen Ehre. – *Mandat:* landesherrlicher oder obrigkeitlicher Befehl, obrigkeitliche Bestimmung einer einzelnen Handlung (im Unterschied zum Gesetz).

31,19 *denselben:* Im Erstdruck steht »demselben«.

31,26 *besprach:* überredete bzw. besprach sich mit.

31,31 *Tross:* vgl. Anm. zu 29,4.

31,34 *jämmerlichen:* in Jammer (d. h. Klage bzw. Elend, Not) gegründet.

32,24 *mit dreister Stimme:* vgl. Anm. zu 26,20.

33,12 *furchtbarer:* Im Erstdruck steht »fruchtbarer«.

33,16 f. *folgt mir meine Brüder:* vgl. Phil. 3,17: »Folget mir, liebe Brüder, und sehet auf die, die so wandeln, wie ihr uns habt zum Vorbilde.«

33,27 *Handgelds:* Sicherheit für einen geschlossenen Vertrag.

33,31 *Reichs- und Weltfreien:* Die meisten Kommentatoren vertreten die Auffassung, Kohlhaas stelle sich hier außerhalb des Rechtsverbundes und sogar über die Autorität des Kaisers. Vgl. jedoch die mittelalterlichen Freien Reichsstädte, die reichsunmittelbar, also nicht dem Territorialherrn, sondern unmittelbar dem Reich, d. h. dem Kaiser, untertan waren. Kohlhaas erkennt also zwar die Autorität des Landesherrn, des Kurfürsten, nicht mehr an, wohl aber die Autorität Gottes (des Herrn der Welt) und zumindest prinzipiell – als Reichsfreier – auch die des Kaisers. Dass er sich gleichwohl in seinem Mandat allein Gott und nicht dem Kaiser unterwirft, erklärt sich aus seinem Selbstverständnis als Protestant gegenüber dem katholischen Kaiser Karl V.

34,8–12 *am heiligen Abend vor Pfingsten, ... in Brand steckte:* Die Assoziierung mit dem Heiligen Abend vor Weihnachten verleiht dem Pfingstfest als dem Fest des Heiligen Geistes eine besondere Bedeutung. Dessen Ausgießung geschah nach dem Zeugnis der biblischen Apostelgeschichte durch »Zungen, zerteilt, wie von Feuer« (Apg. 2,3). Wenn somit die Einäscherungen Wittenbergs als Werk des Heiligen Geistes erscheinen, entsteht eine Ambivalenz, die sich nicht auflösen lässt: Kohlhaases Tat ist äußerste Blasphemie und zugleich durch die höchste Instanz gerechtfertigt. Vgl. zur Pfingsterzählung auch Apg. 2,19f. (ein Zitat aus Joel 3,3f.): »Und ich will Wunder tun oben am Himmel und Zeichen unten auf Erden, Blut und Feuer und Rauchdampf; die Sonne soll sich verkehren in Finsternis und der Mond in Blut, ehe denn der große Tag der Offenbarung des Herrn kommt.«

34,23 f. *Fähnlein:* Kompanie Soldaten, der die Fahne ihres Heerführers beim Marsch vorausgetragen wird. Zu dieser Fahne schwören sie und wissen dadurch, zu wem sie gehören.

34,25 *aufzuheben:* zu verhaften.

35,4 f. *plackte … an:* von mundartl./niederdt. *anplacken* ›anheften, ankleben, befestigen‹.

35,13 *platterdings:* schlechterdings, durchaus.

35,17 f. *am Tage des heiligen Gervasius:* 19. Juni. Müller-Salget (DKV-Ausg., S. 745) weist darauf hin, dass die Reliquien des Hl. Gervasius (Märtyrer in Mailand um 100 n. Chr.) im Kampf gegen Häretiker von Bedeutung gewesen sein sollen, und stellt so einen möglichen Bezug zum Kampf des Staates gegen den religiösen Schwärmer Kohlhaas her.

35,18 *den Drachen, der das Land verwüstete:* Diese Einschätzung ist das Gegenbild zu Kohlhaas' späterer Selbststilisierung als »Statthalter Michaels, des Erzengels« (39,17). Vgl. Offb. 12,7: »Und es erhob sich ein Streit im Himmel: Michael und seine Engel stritten wider den Drachen.« In Kleists Text (und bei seinen Interpreten) erhebt sich ein Streit, ob Kohlhaas nun Engel oder Drache sei.

35,27 f. *Herse, der sich verkleidet in die Stadt schlich:* Bei den historischen Bränden Wittenbergs im Jahre 1534 (für die Hans Kohlhase nicht verantwortlich war) waren nur vor der Mauer liegende Häuser betroffen. Nach Einbruch der Dunkelheit waren die Stadttore verschlossen und bewacht, sodass niemand die Stadt betreten oder verlassen konnte. Dass Kohlhaas und seine Leute dieses Hindernis offenbar mühelos überwinden, verstärkt die durch die biblischen Anspielungen erzeugte Atmosphäre des Wunderbaren und zeigt an, dass die Erzählung trotz des chronikalischen Anscheins nicht mit dem Maßstab des Realismus gemessen werden darf.

36,6 *bewiesen:* hier: verdeutlichen.

36,13 *Misshandlung:* schwächer als im heutigen Sinne; etwa: ›durch tätliche Beleidigung beschimpfen‹.

36,27 *einzubringen:* ›Kriegsgefangene einbringen‹ war eine stehende Wendung.

36,35 *Irritanzen:* Reizmittel; vermutlich Neubildung Kleists.

37,5 *Ritterhaft:* Gefängnis für Adlige.

37,12 *Blutigel:* Blutegel, Blutsauger.

37,16f. *während welchem er … den Helm verlor:* Das Verlieren des Helms als Herrschaftszeichen bedeutet Autoritätsverlust.

38,1–4 *der Krieg, … unerhört und beispiellos, wie er war:* Mit den Aktionen Kohlhaases wird die zu Beginn des 19. Jh. neue Form des Partisanenkrieges beschrieben, die in Preußen nach spanischem Vorbild als Muster eines Volksaufstandes gegen Napoleon diskutiert wurde.

38,11f. *Herrenzwingers:* Synonym für »Ritterhaft« (vgl. 37,5 mit Anm.). Das Kompositum ist nicht belegt und daher vermutlich eine Neubildung Kleists. Ursprünglich wurde mit ›Zwinger‹ ein eingeschränkter, umschlossener Raum, besonders der Platz zwischen der Stadtmauer und den Häusern, später allgemein ein Gefängnis bezeichnet.

38,15 *Pleißenburg:* Burg an der Pleiße, Teil der Leipziger Stadtbefestigung.

38,16 *Dasein:* Anwesenheit. – *Feuer und Schwert:* vgl.
  39,19.

38,20 *sonderbare:* besondere.

38,22 *Jassen:* Die meisten Kommentatoren vermuten einen
  Druckfehler für Jessen, einen Ort südöstlich von Wittenberg. Im 19. Jh. gab es jedoch zwei Orte namens Jassen in Preußen, einen in der Provinz Schlesien und einen in der Provinz Pommern. Beide sind natürlich nach
  realistischem Maßstab zu weit entfernt, um in Frage zu
  kommen; zweifelhaft ist freilich, ob dieser Maßstab angelegt werden darf (vgl. auch Anm. zu 39,3).

38,29 *Mühlberg:* Stadt an der Elbe zwischen Wittenberg
  und Dresden. Im Schmalkaldischen Krieg wurde hier
  am 24. April 1547 der sächsische Kurfürst Johann
  Friedrich von Kaiser Karl V. und Herzog Moritz von
  Sachsen besiegt. Vgl. Anm. zu 109,21 f.

38,33 *unfähig:* bezieht sich, gegen die Grammatik, hier
  nicht auf Kohlhaas, sondern auf den Prinzen.

38,34 *Flecken:* Ort in der Größe zwischen Dorf und Stadt;
  gemeint ist Mühlberg.

39,3 *Damerow:* Ortsname in Pommern und in der Uckermark sowie in Mecklenburg (Parchim), nicht aber im
  Handlungsraum der geschilderten Schlacht.

39,17 *Statthalter Michaels, des Erzengels:* vgl. Anm. zu
  29,2 f. und 35,18.

39,19 *Arglist:* »die zum Schaden anderer angewandte List,
  welche entweder versteckte unerlaubte Endzwecke
  wählt, oder rechtmäßige Endzwecke durch versteckte
  unerlaubte Mittel zu erhalten sucht« (Adelung, Bd. 1,
  Sp. 426).

39,21 *Lützner Schloss:* Lützen ist eine kleine Stadt bei
  Merseburg, südwestlich von Leipzig.

39,25 f. *provisorischen Weltregierung:* vorläufige, auf dem
  Naturrecht begründete Regierung, mit dem Ziel der
  Überführung in einen staatlichen Rechtszustand, also
  einer (Neu-)Gründung des Gesellschaftsvertrags. Im-

manuel Kant erläutert den Begriff in der *Metaphysik der Sitten* (§ 9) im Hinblick auf das Privatrecht: »Ein Besitz in Erwartung und Vorbereitung eines solchen Zustandes, der allein auf einem Gesetz des gemeinsamen Willens gegründet werden kann, der also zu der *Möglichkeit* des letzteren zusammenstimmt, ist ein *provisorisch-rechtlicher* Besitz, wogegen derjenige, der in einem solchen *wirklichen* Zustande angetroffen wird, ein *peremtorischer* Besitz sein würde« (*Metaphysik der Sitten*, B 74 f.). – *Weltregierung:* vgl. Immanuel Kants Entwurf *Zum ewigen Frieden* (1795). Die Vorstellung einer Weltregierung ist jedoch auch schon bei Thomas Hobbes von Bedeutung (vgl. im vorliegenden Band Kap. III,3).

39,26 *Erzschlosse:* Müller-Salget (DKV-Ausg., S. 747) deutet die verstärkende Vorsilbe »Erz-« hier als Aufwertung von Kohlhaases Quartier.

39,28 f. *wegen eines anhaltenden Regens der vom Himmel fiel:* »Der scheinbar überflüssige Relativsatz deutet auf ein mögliches Eingreifen des ›Himmels‹, das Kohlhaas, ebenso wie in Erlabrunn, daran hindert, Unschuldigen ein Leid anzutun« (Müller-Salget, DKV-Ausg., S. 747). Vgl. 33,12–14.

39,32 f. *Dasein:* Anwesenheit.

39,33 *Wahn:* hier: irrige Meinung.

39,35 f. *Reisigen:* von ›Reise, Feldzug‹; urspr. jeder Soldat; hier: Soldat zu Pferde.

40,1 *aussetzen:* aufs Spiel setzen.

40,27 f. *die Kraft beschwichtigender Worte:* Beschwichtigend mag man den historischen Lutherbrief nennen (vgl. Kap. II,1), nicht aber den Brief des Luther in der Erzählung. Für Kleists eventuelle Kenntnis des originalen Lutherbriefes gibt es keine Belege.

40,30 f. *tüchtiges:* hier: tugendhaftes.

41,6 *Gemeinheit:* Gemeinschaft.

41,12–14 *nach den ersten, leichtfertigen Versuchen, … zu*

verschaffen?: Luther bestreitet die Rechtmäßigkeit der Fehde, da die Rechtsmittel nicht ausgeschöpft worden seien. Tatsächlich zeigt er sich jedoch über die Rechtssache schlecht informiert, da Kohlhaas unter Strafandrohung die weitere Beschreitung des Rechtswegs verweigert wurde; vgl. 27,34–37. – Gründe für eine mittelalterliche Fehde konnten sein: 1. Kein Richter war bereit, den Prozess zu führen; 2. das Urteil konnte nicht vollstreckt werden; 3. der unterlegene Gegner verweigerte die Leistungen. Die Fehde galt als »subsidiäres Rechtsmittel« (Boockmann, 1985, S. 91). Vor ihrer formalen Ankündigung musste der Rechtsweg erschöpft sein (vgl. Anm. zu 82,12). In der historischen Realität des 16. Jh. hätte noch der Weg zum Reichskammergericht in Speyer offen gestanden, doch findet sich in den Quellen kein Hinweis auf eine solche Möglichkeit, die zudem bloß hypothetisch und ohne Aussicht auf Erfolg gewesen wäre: »Zum einen war das Gericht in der ersten Hälfte des 16. Jahrhunderts durchweg katholisch besetzt und entschied ganz überwiegend konfessionell begründete Streitigkeiten im katholischen Sinne; wenn es überhaupt rechtzeitig entschied. Zum anderen ist in Appellationsverfahren gegen Sachsen durch das Reichskammergericht nicht eine Entscheidung zu Lasten des Kurfürstentums ergangen. Darüber hinaus haben Sachsen wie auch Brandenburg Personen, die an das Reichskammergericht appellierten, oder deren Verwandte in Haft genommen, den Verlust von Erb- und Lehngütern bzw. Leibesstrafe angedroht« (Dießelhorst/Duncker, 1999, S. 45 f.).

41,14 *Bank:* Bei Reichs- und Kriegsversammlungen wurden auch die Stände und ihre Deputierten selbst, nicht nur ihre Sitze, als Bank bezeichnet.

41,15 *Schergen:* urspr. »ein jeder obrigkeitlicher Bediener, welcher die ihm Untergebenen zu ihrer Pflicht anhält«; »jetzt nur noch von den niedrigsten Bedienten der Polizey und der Gerechtigkeit gebräuchlich« (Adelung, Bd. 3, Sp. 1425).

41,16 *ein Erkenntnis:* Urteil; in dieser Bedeutung als Neutrum üblich.

41,18–21 *dass deine Obrigkeit … deinen Namen nicht kennt:* Kohlhaases Fehdegegner ist nicht der brandenburgische, sondern der sächsische Kurfürst. Dieser aber kennt seinen Fall sehr genau, da er sich selbst an die Spitze eines Heeres setzen will, um Kohlhaas zu fangen (vgl. 40,11–15). Selbst in Bezug auf den Kurfürsten von Brandenburg ist Luthers Behauptung nicht haltbar, da die Rechtswegverweigerung immerhin in seinem Namen, als »landesherrliche Resolution« (27,32 f.), erfolgte.

41,26 *Rebell:* Aufrührer gegen ordentliche und rechtmäßige Obrigkeit mit öffentlicher Gewalt.

41,27 f. *Rad und Galgen:* unehrenhafte Formen der Todesstrafe. Die brutale Strafe des Räderns wurde in Preußen erst 1811 abgeschafft.

42,14 *Cherubsschwert:* Nach 1. Mose 3,24 bewachten Cherubim mit dem Flammenschwert das Paradies, aus dem die Menschen vertrieben worden waren. Das Schwert ist hier Zeichen der Exekutive, der Gerichtshoheit Kohlhaases. Historisch könnte eine Anspielung auf das Reich der Wiedertäufer in Münster vorliegen (vgl. Boockmann, 1985).

42,16 *zwölf Knechte:* vgl. die zwölf Jünger Christi und die zwölf Geschlechter der Kinder Israels (Offb. 21,12–14).

42,29 *dunkle Röte:* Nach Skrotzki (1971) bezeichnet die Gebärde des Errötens bei Kleist eine Diskrepanz zwischen Norm und eigenem Ungenügen, zwischen Norm und Welt.

42,30 f. *indem er den Helm abnahm:* Demutsgeste; Kohlhaas beugt sich der Autorität Luthers.

42,36 f. *dieser wenigen Worte:* d. h. Luthers Brief.

43,1 *Verderblichkeit:* Drei Lesarten sind möglich: 1. Verderbtheit; 2. Verderben bringende Macht (vgl. 53,35: »Würgengel«), das Verderben anderer nach sich ziehend; 3. Zugrundegehen, (eigenes) Verderben. Der Schwerpunkt liegt auf der zweiten Bedeutung, die beiden anderen Lesarten schwingen mit.

43,10–13 *Er kehrte, … in ein Wirtshaus ein, wo er, … zu Luthern ins Zimmer trat:* irreführend verkürzte Formulierung: Luther wohnte natürlich nicht im Wirtshaus, »wo« bezieht sich auf Wittenberg.

43,15 *besonderen:* hier: sonderbaren.

43,21 *weiche fern hinweg:* vgl. Mt. 7,23: »Weichet von mir, ihr Übeltäter!«, und Mt. 16,23: »Hebe dich, Satan, von mir!«

43,22 *erstehend:* aufstehend.

43,32 *meine Obrigkeit:* Kohlhaas bezeichnet jetzt den sächsischen Kurfürsten als seine Obrigkeit.

44,6 *Gemeinheit:* Gemeinschaft.

44,8–21 *Verstoßen! … Hand:* Kohlhaas argumentiert auf der Basis der naturrechtlichen Theorie des bedingten Gesellschaftsvertrags, der gekündigt werden kann, sobald der Staat die Bürger nicht mehr schützt und ihnen keine Rechtssicherheit gewährt. Vgl. Kap. III,3. Der lutherischen Obrigkeitslehre ist dieses naturrechtliche Vertragsdenken fremd. – Im Übrigen dürfte es kaum ein Zufall sein, dass im Verlauf des Dialogs zwischen Kohlhaas und Luther siebenmal von Verstoßen die Rede ist.

44,19–21 *er gibt mir, … die Keule, … in die Hand:* Der ›Selbsthelfer‹ Kohlhaas erscheint hier nicht in der Rolle des handelnden Subjekts, sondern des bloß reagierenden Objekts. Mit der »Keule« als Waffe wird der vorgesellschaftliche Naturzustand konnotiert (später spricht dagegen Prinz Christiern von Meißen von einem »Schwert«; vgl. 51,5f.). – Vgl. auch Kleists *Kriegslied der Deutschen* von 1809, in dem in den ersten fünf Strophen geschildert wird, dass alle wilden Tiere ausgerottet

oder gezähmt seien, bevor es in der letzten Strophe
heißt (SW 1,28):

> Nur der Franzmann zeigt sich noch
> In dem deutschen Reiche;
> Brüder, nehmt die Keule doch,
> Daß er gleichfalls weiche. (SW 1,28)

45,26 *ein Erkenntnis:* vgl. Anm. zu 41,16.

45,29f. *indem ihm eine Träne über die Wangen rollte:* vgl.
18,22f. mit Anm.

46,9–16 *Kohlhaas antwortete: … seinen Lauf:* vgl. Wallensteins Trauer um Max Piccolomini in Schillers *Wallensteins Tod* V,5, V. 3657–63:

> Hätt ich vorhergewusst, was nun geschehn,
> Dass es den liebsten Freund mir würde kosten,
> Und hätte mir das Herz wie jetzt gesprochen –
> Kann sein, ich hätte mich bedacht – kann sein
> Auch nicht – Doch was nun schonen noch? Zu ernsthaft
> Hats angefangen, um in nichts zu enden.
> Hab es denn seinen Lauf! *(Indem er ans Fenster tritt)*

46,9f. *indem er ans Fenster trat:* Diese von Schiller über-
nommene Verhaltensweise findet sich mehrmals bei
Kleist und steht immer für eine krisenhafte Entschei-
dungssituation, wobei die eigentlichen Beweggründe
der Figur für Zuschauer bzw. Leser verborgen bleiben;
vgl. 51,8; 54,30; 61,26f.; 72,26–29; ferner z. B. den Grafen in *Die Marquise von O…* (SW 2,130), Gustav in *Die
Verlobung in St. Domingo* (SW 2,171), den Kurfürsten
in *Prinz Friedrich von Homburg* (nach SW 1,692, nach
V. 1424).

46,28 *aufzuheben:* zu verhaften.

47,6f. *Der Herr aber, … vergab seinem Feind:* vgl. 27,15f.
mit Anm.

47,10f. *errötend:* vgl. Anm. zu 42,29.

47,11f. *»der Herr auch vergab allen seinen Feinden nicht*

[...]«: Zwei Lesarten sind möglich: 1. Der Herr vergab nicht allen seinen Feinden; 2. Der Herr vergab keinem seiner Feinde. Vgl. v. a. die Rolle Christi beim
Jüngsten Gericht nach der Johannesapokalypse (Offb.
19,11 ff.).

47,13 f. *Schlossvogt und Verwalter:* An beiden hat Kohlhaas sich bereits gerächt; sie wurden beim Sturm auf die
Tronkenburg ermordet; vgl. 29,28.

47,22 *Famulus:* (lat.) Diener.

47,27 *Famulus: leuchte!:* vgl. Schiller, *Wallensteins Tod,*
V. 3665: »Leuchte, Kämmerling.«

47,28 *Hausschlüssel:* Offenbar muss der Famulus die
Haustüre aufschließen, damit Kohlhaas das Haus wieder verlassen kann. Dies würde bedeuten, dass er das
verschlossene Haus ohne Schlüssel betreten hätte.
Ebenso wenig wie beim nächtlichen Eindringen in die
verschlossene Stadt Wittenberg darf hier ein realisti-
scher Maßstab an die Erzählung angelegt werden (vgl.
Anm. zu 35,27 f.).

48,5 *Sendschreiben:* urspr. jede Form von Urkunde (veraltet); »Schreiben an mehrere, welches einer dem andern
zusendet« (Adelung, Bd. 4, Sp. 55). Zu diesem Sendschreiben Luthers gibt es kein historisches Substrat.

48,9 *untergeschlagen:* unterschlagen.

48,14 *Amnestie:* Luthers Vorschlag geht über Kohlhaases
Bitte nach freiem Geleit hinaus. Der Begriff der Amnestie bezog sich auf »die Aufhebung der Schuld und Strafe der wider den Staat begangenen Verbrechen mehre-
rer« (Adelung, Bd. 1, Sp. 250), also just jene Vergehen,
derentwegen Kohlhaas letztlich hingerichtet wird.

48,20 *Wissenschaft:* hier: Kenntnis.

48,26–33 *dass der derselbe ... betrachten müsse:* Luther
macht sich Kohlhaases Argumentation zu eigen, die juristisch darauf abzielt, den Fehdeführer als völkerrecht-
liches Subjekt zu betrachten, um die Souveränität des
neuzeitlichen Staates zu schützen und die Durchsetzung

des staatlichen Gewaltmonopols zu befördern (vgl.
Boockmann, 1985).

48,31 *Ausländer:* Luther widerspricht sowohl seiner eigenen, zuvor geäußerten Auffassung als auch dem Selbstverständnis Kohlhaases, der den sächsischen Kurfürsten
als »meine Obrigkeit« bezeichnet (43,32).

48,34 *Christiern:* dän. Form von Christian. Die Namensform könnte für Kleists Kenntnis von Nicolaus Leutinger sprechen, der den dän. König Christiern II. erwähnt
(vgl. Kap. II,1). Die Namensform findet sich jedoch
auch bei Anselm Feuerbach (vgl. Kap. III,3). – *Genera-
lissimus:* oberster General.

48,37 *Wrede:* von niederdt. *wrede* ›wild, böse, stark‹; die
Namensgebung für den Kohlhaas wohlgesonnenen, aber
später abgesetzten Gerichtspräsidenten ist also nicht
ohne Ironie.

49,5 *Geheimen Rats:* persönlicher Ratgeber des Herrschers.

49,6 *geheime Korrespondenz:* wörtl.: zum Hause, also
zum Herrscherhause, gehöriger Briefverkehr.

49,23 *im Feuer der Beredsamkeit:* Dass es sich im Folgenden vor allem auch um ein Duell in forensischer Rhetorik handelt, bemerkt Müller-Salget (DKV-Ausg.,
S. 753), der auf die Alliterationen auf ›r‹ in Kunz' Plädoyer (vgl. 49,24 f.) und auf ›f‹ in Wredes Entgegnung
(vgl. 49,37) aufmerksam macht.

50,35–37 *eine Reihe von Freveltaten, … forterzeugt:* vgl.
Octavio in Schillers *Die Piccolomini,* V. 2452 f.: »Das
eben ist der Fluch der bösen Tat, / Dass sie, fortzeu-
gend, immer Böses muss gebären.«

51,5 f. *das Schwert, … in die Hand gegeben:* vgl. 44,19–21
mit Anm.

51,25–52,2 *Der Rosshändler habe, … gewiss ist:* Hinz'
Vorschlag scheint in der Versammlung auf Missfallen
zu stoßen. Zudem ist die Bezeichnung seiner Lösung als
»staatskluge Wendung« deutlich negativ konnotiert, wie

die Parallelstelle 70,9 f. verdeutlicht. Tatsächlich folgt jedoch die ›Lösung‹ von Kohlhaases Fall in der Erzählung präzise seiner Empfehlung. Selbst die affirmative Reaktion der älteren Forschung auf den Schluss der Erzählung wird von Hinz geradezu ironisch vorweggenommen, denn das Urteil war in der Tat lange Zeit »des Beifalls der Welt und Nachwelt gewiss«.

52,8 f. *Präliminar-Maßregel:* einleitende Maßnahme, d. h. hier: eine Anklage gegen Kunz als Voraussetzung für eine Anklage gegen Kohlhaas.

52,33–35 *wenn derselbe, … abgewiesen werden sollte:* Die juristische Zweideutigkeit des Amnestieangebots bildet die Grundlage für den späteren Streit, ob das Amnestieversprechen gebrochen worden sei oder nicht. Die Abweisung der Klage als Bedingung einer Anklage gegen Kohlhaas kann zweierlei bedeuten: erstens dass die Klage als unzulässig erklärt, also gar nicht zur Entscheidung angenommen würde – dies ist Kohlhaases Auffassung, die ihn dazu führt, auf der Amnestie zu bestehen, da das Dresdner Gericht die Untersuchungen aufnimmt. Zweitens aber – und dies ist offenbar die Lesart der Tronka-Sippe – könnte gemeint sein, dass die Amnestie nur dann in Kraft treten würde, wenn Kohlhaas seinen Prozess gewönne. Hätten also die Tronkas mit ihrer Taktik der Prozessverschleppung Erfolg und Kohlhaas käme wegen der Rappen nicht zu seinem Recht, so wäre auch die Amnestie hinfällig.

53,22 *Pirnaischen Vorstadt:* Hier wohnte Kleist selbst von 1807 bis 1809.

53,27 *Gubernium:* Verwaltung, Regierungssitz.

53,32 *Trossknechten:* niedere Gefolgsleute (häufig abwertend).

54,20 *Deposition:* Hinterlegung.

55,6 f. *Landsknechten:* einfache Soldaten.

55,37 *Rose:* Rotlauf; »eine Entzündung auf der Oberfläche des menschlichen Körpers, welche von dem daselbst

Abb. 2 Illustration von A. Paul Weber zu einer Kohlhaas-Ausgabe
von 1939

© VG Bild-Kunst, Bonn 2002

stockenden Blute, oder auch von der gehemmten Aus-
dünstung entstehet, ganz flach und eben ist, sich in die
Breite erstrecket, und eine gelblich rothe und glänzende
Farbe hat« (Adelung, Bd. 3, Sp. 1157).

56,1 *unter peremtorischen Bedingungen:* ohne Einräu-
mung einer Frist.

56,6 *Lehnsvettern:* Vettern als Erben eines Lehens; ›Vet-
ter‹ war eine Sammelbezeichnung für alle nahen Verwandten männlichen Geschlechts.

56,7 *abtrat:* abstieg.

57,13 *Wilsdruf:* Ort westlich von Dresden.

57,18 *aufbringen:* auf die Beine bringen, zur Gesundheit verhelfen.

57,33 *Erb-, Lehns- und Gerichtsherr:* Eigentumsherr; alle drei Funktionen fielen zusammen.

57,37 *dermaligen:* gegenwärtigen.

58,7 *Runge:* kurze Stange zwischen Achse und Wagenleiter.

58,10 *Döbbeln:* Stadt westlich von Meißen.

58,37 *requiriert:* hier: angefordert.

59,6 *Hainichen:* Ort südlich von Döbeln und südwestlich von Wilsdruff. – Zumindest am Rande ist von Interesse, dass Hainichen der Geburtsort des Juristen Paul Johann Anselm Feuerbach (1775–1833) ist (vgl. Kap. III,3).

59,25 *sein:* Im Erstdruck steht »seyen«.

60,36 *anstehen:* Bedenken tragen.

61,3 *Okular-Inspektion:* ›Inaugenscheinnahme‹; umständliche pleonastische Wendung, durch die der juristische Sprachgebrauch der Erzählung fast schon parodistisch auf die Spitze getrieben wird.

61,26 *beurlaubte:* verabschiedete.

62,4 *gerückt:* Im Erstdruck steht »gezückt«.

62,11 f. *der Abdecker hat ganz Recht:* Tatsächlich hat der Abdecker die Behauptung, die Kohlhaas bestätigt, nie erhoben.

62,20 *bleiernen:* Aus Blei ist auch die Kapsel, die Kohlhaas um den Hals trägt (vgl. 85,12 f.), sowie der Siegelring der Zigeunerin (vgl. 97,10).

63,4 *Trabanten:* Soldaten der Leibwache.

63,18 *abludern:* vulgär für ›abdecken‹.

63,20 *Anstand nähme:* Bedenken trage.

63,24 *ehrlich gemacht:* Wie der Abdecker selbst galten auch die ihm anvertrauten Tiere als ehrlos und unberührbar (vgl. Anm. zu 10,18).

63,27 f. *zog, … von Leder:* zog das Schwert aus der Lederscheide.

65,25 *billigen:* geneigt, einer empfundenen Verbindlichkeit gemäß zu handeln.

66,28 *Johann Nagelschmidt:* In den Quellen findet sich Georg Nagelschmidt. Kohlhaas und Nagelschmidt tauschen bei Kleist gegenüber den Quellen fast die Namen: Die Namen Georg und Michael verweisen beide auf den Kampf gegen den Drachen; Hans ist die Kurzform von Johann.

66,37 *Häschern:* Gerichtsknechten.

67,2 *seinen:* Im Erstdruck steht »seine«; die grammatische Normierung wirkt einigermaßen willkürlich, da der Text der Erzählung, an der heutigen grammatischen Norm gemessen, zahlreiche ›Fehler‹ aufweist. Welche dieser ›Fehler‹ – insbesondere die häufige Vertauschung von Dativ und Akkusativ – beim Druck entstanden und welche auf sprachliche Eigenheiten von Kleist selbst zurückgehen, lässt sich nicht feststellen, da keine Handschrift erhalten ist.

68,4 *witzig:* hier: klug, scharfsinnig.

68,18 *Heinrich und Leopold:* Kleist verwendet seinen eigenen Vornamen und den seines Bruders. Auch Kleists Vater hatte aus zweiter Ehe drei Töchter und zwei Söhne. Während Kleist Kohlhaas dergestalt zu seinem literarischen Vater macht, wurde von Zeitgenossen offenbar eine besondere Ähnlichkeit von Autor und Protagonist bemerkt; so spricht Kleists Freund, der Historiker Friedrich Christoph Dahlmann, in einem Brief an Julian Schmidt vom 9. Juni 1858 rückblickend von »dem herrlichen Kohlhaas, in dem sich des Dichters Charakter treu abbildet« (*Lebensspuren*, Nr. 317). – Bemerkenswert ist, dass Kohlhaas im Folgenden seine Söhne in entscheidenden Situationen immer wieder bei sich hat, während die Mädchen entfernt werden (vgl. 74,3–9; 106,12 f.).

68,24 *kindischer:* im neutralen Sinne von ›kindlich‹ bereits zu Kleists Zeit veraltet.

68,36 *erschrak:* Im Erstdruck steht »erschrack«, eine an den Infinitiv ›erschrecken‹ angelehnte Schreibweise, die in Kleists Erzählungen noch zweimal begegnet.

69,2–6 *Nicht nur, … bedürfte:* epische Ironie, da von einem »besten Fortgang« seiner Rechtssache keine Rede mehr sein kann.

69,11 f. *Schelmereien:* von *Schelm,* hier: ›ein wegen seiner Verbrechen ehrlos gemachter Mensch‹.

69,34 *Patent:* obrigkeitlicher Befehl.

70,1 *er:* im Erstdruck nicht durch Kursivierung, sondern durch Großschreibung hervorgehoben.

70,6 *die über den Rosshändler schwebte:* »Für Kleist bezeichnende Akkusativ-Konstruktion, die Zustand und Bewegung in eins faßt« (Müller-Salget, DKV-Ausg., S. 757).

70,13 *rabulistischer:* den Sinn des Gesetzes nach eigenem Vorteil drehend.

70,25 *Edikt:* Erlass, Verordnung.

71,5–8 *zu welchem … wollen:* Der Anschein überlegenen Wissens seitens des Erzählers verdeckt hier nur unzureichend seine Unzuverlässigkeit und die Beschränktheit seines Horizontes (vgl. Anm. zu 28,14 f.).

71,7 *in seiner Brust:* Es bleibt offen, ob hier Kohlhaases Brust oder die des Lesers gemeint ist.

71,20 *Gegenpart:* Gegenpartei.

71,36 *Gubernial-Resolution:* Regierungsbeschluss.

72,7 f. *dass der Prinz … auf seine Güter gereist:* In Verbindung mit der in 70,1 f. geäußerten Voraussetzung ist die Abreise des Prinzen gleichbedeutend mit dem Bruch der Amnestie.

73,8 *ein Geschirr auszugießen:* Abwasser und Nachttopf wurden in die Gosse geleert.

73,19–21 *falls … keinem Zweifel mehr unterworfen war:* Der Konditionalsatz widerspricht der anschließend geäußerten Überzeugung.

73,25 f. *Lockewitz:* Vorort von Dresden.

73,32 *Gubernial-Offiziant:* Regierungsbeamter.

75,31 *sein Bewenden hätte:* dabei bleiben solle.

76,1 *ja! ja! ja!:* vgl. 25,3 f. mit Anm. Auch hier wird die Antwort nach der ›gegensätzischen Schule‹ von der Art des Fragens bestimmt.

76,13 *Ekel:* hier: Unwillen, Widerwillen.

76,33 *Altenburgischen:* Gegend um Altenburg; Stadt südlich von Leipzig.

77,7 *Krämpfen hässlicher Art:* epileptische Anfälle.

77,21 f. *bewiesen:* hier: deutlich machten.

77,23 *vorangegangen:* Im Erstdruck steht »vorangegangene«.

78,5 *verwirkt:* durch gesetzwidrige Handlungen verdient.

78,15–17 *doch da … fähig war:* Gemeint ist, dass selbst die erwogene Handgreiflichkeit gegen den Boten sowohl zu seinen Gunsten als auch zu seinen Ungunsten gedeutet werden könnte.

78,36 *nach Wittenberg:* Möglicherweise soll angedeutet werden, dass Kohlhaas einen erneuten Besuch bei Luther plante.

79,8 *zuschicke:* Im Erstdruck steht »zuschicken« (»zuschicken … wolle«).

79,19 *Levante:* die Morgenländer, d. h. die östlichen Mittelmeerländer Griechenland, Syrien, Arabien, Ägypten. – *Ostindien:* die unter niederländischer Herrschaft stehenden Inseln Indonesiens (vgl. Kleist, *Der zerbrochne Krug*, 12. Auftritt).

79,37–80,2 *mit glühenden Zangen … verbrannt zu werden:* Die Grausamkeit des Urteils übertrifft noch die von Luther antizipierten Hinrichtungsarten (vgl. 41,27 f.). Nach den vorgesehenen Folterungen wäre es unmöglich, den Körper noch zu rädern oder zu hängen; daher wohl die Verbrennung zwischen den beiden Hinrichtungsstätten Rad und Galgen.

80,4 *der Kurfürst von Brandenburg:* Zur Zeit Hans Kohlhases regierten Joachim I. (1499–1535) und Joachim II.

Hector (1535–71). Joachim I. war Gegner der Reformation, die erst von Joachim II. 1539 durchgeführt wurde.

80,7 *Note:* Mitteilung einer Regierung an eine andere.

80,22–24 *Es traf sich ... lag:* Die erwähnten polnisch-sächsischen Streitigkeiten sind unhistorisch. Dieser Umstand sowie das eingestandene Nichtwissen des Erzählers ziehen dessen Zuverlässigkeit weiter in Zweifel.

81,25 f. *Kohlhaasenbrück, ... heiße:* vgl. dagegen die Behauptung des Erzählers in 3,7 f.

81,29 *Völkerrechts:* Ein Völkerrecht, das die rechtlichen Beziehungen zwischen Staaten regelt, entwickelte sich erst im 17. Jh. Als Dokument aus Kleists Zeit vgl. Immanuel Kants *Metaphysik der Sitten* (1797/98), §§ 53–61.

81,31 *aus diesem Handel:* Im Erstdruck steht »aus diesen Handel«. Vgl. Anm. zu 67,2.

82,2 f. *Kammergericht zu Berlin:* höchstes Appellationsgericht, unmittelbar dem Landesherrn unterstellt (eine Gewaltenteilung im modernen Sinne gab es nicht).

82,12 *öffentlichen Landfriedens:* Gemeint ist v. a. der 1495 von Kaiser Maximilian verkündete »Ewige Landfriede«, der 1521 von Karl V. im Wormser Reichslandfrieden erneuert wurde; er beinhaltete insbesondere ein allgemeines Fehdeverbot und markierte somit den ersten Schritt auf dem Weg zur Schaffung eines Gewaltmonopols des frühneuzeitlichen Staates, das freilich bis ins 16. Jh. hinein noch nicht durchgesetzt werden konnte (vgl. Boockmann, 1985, S. 86 f.). »Das allgemeine Fehdeverbot war gelegentlich in Kraft, gelegentlich auch nicht, weil Gewohnheitsrecht entgegenstand. Logisch nachvollziehbare Regeln, wann es in Kraft gewesen wäre und wann nicht, sind nicht einmal im Ansatz feststellbar. Letztlich richtete sich die Anwendung willkürlich nach Fragen der Opportunität, Macht und sog. Realpolitik« (Dießelhorst/Duncker, 1999, S. 473). Ergänzt wurde der Landfriede 1519 durch das Selbsthilfeverbot

für die unteren Stände. Die Carolina, die Strafgerichts-
ordnung Karls V. aus dem Jahre 1532, ging in den feh-
derechtlichen Regelungen (§ 129) hinter den Landfrieden zurück, indem sie die traditionelle Unterscheidung
zwischen rechter und unrechter Fehde wieder aufnahm
(vgl. Anm. zu 41,12–14). Demnach bleibt rechtlich strit-
tig, ob Kohlhaas als Landfriedensbrecher (dem nach
dem Ewigen Landfrieden keine Amnestie hätte gewährt
werden dürfen) oder als Fehdeführer (mit dem zu ver-
handeln ist) anzusehen ist. Die ältere Auffassung, dass
Kohlhaas gar nicht fehdefähig sei (vgl. Wohlhaupter,
1953, S. 535), wurde von neueren rechtshistorischen
Forschungen widerlegt. Demnach wurden zwei Arten
von Selbsthilfe unterschieden: die Blutrache und die
Ritterfehde, wobei die Grenzen fließend waren. Auch
nichtritterliche Kreise führten Fehden und fühlten sich
dabei im Recht. Die Fehdegegner haben – so auch im
historischen Fall des Hans Kohlhase – die Fehdefähigkeit der nichtadeligen Fehdeführer nicht prinzipiell be-
stritten. Die Kriterien der Fehdefähigkeit, Standeszuge-
hörigkeit und Wehrfähigkeit, waren nicht eindeutig zu
bestimmen, da die Grenzen zwischen Adel, Bürgern
und Bauern fließend waren. Bürger und auch Bauern
haben – ungeachtet der Landfriedensordnungen –
immer wieder Fehden erklärt (vgl. Müller-Tragin, 1997,
S. 15 f.). Der Fall des historischen Hans Kohlhase war
dabei typisch, denn Kaufleute waren durch ihre Rei-
setätigkeit besonders häufig in Konflikte um Geleit-
und Zollrechte verwickelt (vgl. Müller-Tragin, 1999,
S. 17).

82,13 f. *sie, … anzuliegen:* bei ihr (der kaiserlichen Majestät) zu beantragen, ihr das Anliegen vortragen zu dürfen.

82,14 *Hofgericht:* identisch mit dem Kammergericht.

82,19 *geschlossen:* in Ketten geschlossen, gefesselt.

82,27 *Landdrosts:* (niederdt.) Landrat.

82,26f. *Dame Heloise:* vgl. Rousseaus Briefroman *Julie oder Die neue Héloïse* (erste dt. Übers. 1761, verb. Ausg. 1776). Ebenso wie Kleists Heloise (vgl. 83,9f.) heiratet auch Rousseaus Titelfigur ihren Geliebten nicht.

82,31 *Dahme:* Das Gebiet zwischen Sachsen und Brandenburg, in dem Dahme und auch Jüterbog liegen (vgl. Karte, S. 57), gehörte zum Erzbistum Magdeburg unter Kurfürst Albrecht von Mainz, einem Gegenspieler Luthers.

82,35 *Pagen:* adelige Hofknaben, die einer höher gestellten Familie dienten und dabei eine Standeserziehung erhielten.

82,37 *Reuterbedeckung:* Bewachung durch Reiter.

83,4 *Herzberg:* Ort zwischen Mühlberg und Dahme (vgl. Karte, S. 57).

83,5 *dem er diente:* Im Erstdruck heißt es »den er diente«; vgl. Anm. zu 67,2.

83,14 *mit einem herzlichen Blick:* Im Erstdruck heißt es »mit einem herrlichen Blick«.

84,16 *Forst:* urspr. nicht synonym mit ›Wald‹, sondern Wild und Holz zum Gebrauch eines Höheren; der dem Herrscher vorbehaltene Wald.

85,12f. *bleierne Kapsel:* Die hier erstmals erwähnte Kapsel bildet geradezu ein Gegenstück zu der verborgenen Amtskette des Kurfürsten (vgl. 84,23). Zur angeblich magischen Kraft von Bleiamuletten vgl. *Handwörterbuch des deutschen Aberglaubens*, Bd. 1, Sp. 1387f.

85,18 *Mundlack:* an Stelle von Siegellack verwendete Oblaten, die mit dem Mund angefeuchtet wurden, um Briefe zu verschließen.

85,21 *genau am Tage nach dem Begräbnis meiner Frau:* vgl. dagegen 28,14f. mit Anm.

85,26f. *Jüterbock:* Jüterbog, nordwestlich von Dahme (vgl. Karte, S. 57, und Anm. zu 82,31).

85,29 *vereinigt:* geeinigt.

85,33 *Zigeunerin:* »der Nahme eines herum streifenden

ausländischen Gesindels, welches bald nach dem Anfange des 15ten Jahrh. in Deutschland und dem westlichen
Europa bekannt ward, aus den östlich. Gegenden kam,
und aus Ägypten herstammen wollte« (Adelung, Bd. 4,
Sp. 1715). – Zigeuner standen außerhalb der bürgerlichen Gesellschaft, sodass die Zigeunerin nicht als Re-
präsentantin des Volkes angesehen werden kann, wohl
aber für die Bedeutung des Wunderglaubens bei allen
Ständen des 16. Jh. steht. – Zum zeitgenössischen Bild
der ›Zigeuner‹ vgl. Breger (1998).

86,25 *Amulett:* »ein Gegen- oder Vorbauungsmittel, welches seine Kraft durch bloßes Anhängen an den Körper
äußern soll« (Adelung, Bd. 1, Sp. 260).

86,26 *es wird dir dereinst das Leben retten!:* Dies könnte
entweder eine Vorausdeutung sein, die sich nicht erfüllt
(wodurch die Wahrsagekunst der Zigeunerin diskredi-
tiert wäre), oder aber ein Hinweis auf das ewige Leben
nach Joh. 12,25 (vgl. Lange, 1969): »Wer sein Leben
liebhat, der wird's verlieren; und wer sein Leben auf
dieser Welt hasset, der wird's erhalten zum ewigen Leben.«

86,33 *was ihm fehle?:* Im Erstdruck heißt es »was ihn fehle?«; vgl. Anm. zu 67,2.

87,9 *Luckau:* Ort östlich von Dahme (vgl. Karte, S. 57).

87,10–12 *in einen Wagen bringen, ... abführen:* vgl. Lisbeths Heimkehr, 26,9.

87,16 *Nervenfiebers:* »ein schleichendes verzehrendes Fie-
ber, welches gemeiniglich mit Mattigkeit und Schwäche,
mit anhaltender Verstopfung des Leibes, Aufstoßen und
andern Kennzeichen der Blähungen in dem Magen und
den Gedärmen verbunden ist, und von einem kränkli-
chen Zustande der Nerven des Magens und der Gedär-
me, oft auch des ganzen Körpers, seinen Ursprung hat«
(Adelung, Bd. 3, Sp. 468 f.). Im 19. Jh. geläufige Bezeichnung für Typhus.

88,17 *ihm:* Im Erstdruck heißt es »ihn«.

90,27 *im Antlitz den Tod:* vgl. Lisbeths »Blicke, in welchen sich der Tod malte« (21,8f.), sowie den Blick der
Zigeunerin, »kalt und leblos, wie aus marmornen Augen« (96,33).

91,3 *peinlich:* Pein verursachend: 1. mit viel Mühe verbunden; 2. den höchsten Grad der Unlust verursachend;
3. sehr schmerzhaft; 4. ängstlich, bange.

91,26–28 *Dabei warf er ... übereinander:* vgl. Luthers ana-
loge Gebärde, 44,36–45,1.

92,11 *Expressen:* Eilboten.

92,18 *überall:* hier: überhaupt.

92,30 *durchgesetzt habe:* Im Erstdruck heißt es »auch
durchgesetzt habe«.

93,17 *Heiligen Römischen Reichs:* Seit der Krönung Kaiser
Ottos I. 962 galt das dt. Kaiserreich als Fortsetzung des
Römischen Reichs, seit dem 15. Jh. mit dem Zusatz
»Deutscher Nation«. Das »Heilige Römische Reich
Deutscher Nation« endete 1806 mit der Niederlegung der
Kaiserkrone durch Franz II.; vgl. auch die Anm. zu 93,21.

93,21 *Franz Müller:* Der Name des kaiserlichen Anwalts
ist beziehungsreich: Franz II., seit 1792 röm.-dt. Kaiser
und seit 1804 Kaiser von Österreich (als Franz I.), legte
1806 nach der Errichtung des Rheinbunds unter dem
Protektorat Napoleons die röm.-dt. Kaiserkrone nieder.
Der Nachname könnte eine Anspielung auf den roman-
tisch-konservativen Staatsphilosophen Adam Müller
(1779–1829) sein, mit dem zusammen Kleist die Zeitschrift *Phöbus* herausgab (vgl. Kap. III,3).

95,15f. *forderte ... ein Zeichen von ihr:* vgl. Mt. 12,38:
»Da hoben an etliche unter den Schriftgelehrten und
Pharisäern und sprachen: Meister, wir wollten gerne ein
Zeichen von dir sehen.«

95,17 *die römische Sibylle:* Im Erstdruck steht »Sybille«.
Name weissagender Frauen in der Antike. Der Sibylle
von Cumae wurden die im römischen Kapitol aufbe-
wahrten Sibyllinischen Bücher zugeschrieben.

95,19 ff. *das Zeichen würde sein …:* Eine ähnliche Begebenheit wird in dem 1796 anonym erschienenen Roman *Der Kettenträger* (von Friedrich Maximilian Klinger) erzählt. Kleist erwähnt den Roman in einem Brief an Wilhelmine von Zenge vom 22. März 1801 (vgl. SW 2,635).

95,23–32 *Nun musst du wissen, … entgegen kommen würde:* Nach Müller-Salget bildet dieser Satz »in seiner Verschachtelung die doppelte und dreifache Eingesperrtheit des Rehbocks und die daraus folgende (scheinbare) Unmöglichkeit seines Entweichens ab« (DKV-Ausg., S. 763 f.).

95,29 *Beschluss:* hier: Verschluss.

95,31 *Vorgeben:* zweifelhafte Behauptung.

96,16 *in den Schoß regnete:* Im Erstdruck heißt es »in dem Schooß regnete«. Vgl. Anm. zu 67,2.

96,36 *Kniee:* Im Erstdruck steht »Knieen«.

97,3–6 *dreierlei … reißen wird:* Was auf dem Zettel stehen könnte, bleibt angesichts der historischen Unstimmigkeiten müßige Spekulation. Möglich wäre: 1. Johann Friedrich (der eigene Name des sächsischen Kurfürsten), 2. das Datum 1547, als er im Schmalkaldischen Krieg – bei Mühlberg! – von Karl V. gefangen genommen wurde und auf die Kurwürde verzichtete, 3. Moritz von Sachsen, sein Albertinischer Neffe. Zu bedenken bleibt aber, dass Dresden die Hauptstadt des Albertinischen Herzogtums Sachsen war und daher auch der Niedergang der Albertiner, nicht der Ernestiner gemeint sein könnte, was jedoch auf Grund des Umstands, dass der erste Albertiner erst 1547 die Kurwürde erhielt, nicht zur Handlungszeit der Erzählung passt. Die nicht aufzulösenden Unstimmigkeiten haben manche Interpreten zu einer dritten Spekulation verführt: dass der Zettel leer sei. – Vgl. Anm. zu 109,21 f.

97,10 *Siegelring:* Vor dem Hintergrund der wiederholten Anspielungen auf die Apokalypse in der Erzählung ist auch der Siegelring der Zigeunerin als Bezug auf die sieben Siegel in der Johannesoffenbarung gedeutet worden.

99,1 *Neumark:* Gebiet am rechten Oderufer und an der Warthe, zeitweise unter eigener, von der Mark Brandenburg unabhängiger Herrschaft.

99,31–33 *verurteilt ward … gebracht zu werden:* Der Tod durch das Schwert war die von der Carolina, der Peinlichen Halsgerichtsordnung Karls V., vorgesehene Strafe für Landfriedensbruch (§ 128). Verschiedene Hinrichtungsarten von Rad, Strang und Galgen bis zu Feuer und Schwert sah auch noch das »Allgemeine Landrecht für die Preußischen Staaten« von 1794 vor, allerdings als Sanktionen für »Verbrechen gegen die äußere Sicherheit des Staats« (II/20,3, § 102–114), nicht gegen die innere Sicherheit; bei deren Verletzung blieb die Art der Sanktionen unbestimmter.

99,34 *Milde:* Das Urteil ist ›milde‹, d. h. ehrenvoll, im Vergleich zu dem ursprünglichen, in Sachsen gefällten Todesurteil.

100,30 *gedachten:* erwähnten.

101,10 *Herse, den Kohlhaas:* Kleists rhetorische Interpunktion ist hier grammatisch irreführend: »den« ist natürlich kein Relativpronomen, sondern Artikel des Akkusativobjekts »Kohlhaas«.

101,17 f. *Korallenkette:* wurde als Amulett gebraucht (vgl. Anm. zu 86,25).

101,19–23 *wie denn die Wahrscheinlichkeit … zugestehen müssen:* Die Konzession des Erzählers folgt möglicherweise Cervantes, *Don Quijote* II,24, und auf ihr baut auch Kleists Anekdote *Unwahrscheinliche Wahrhaftigkeiten* auf (vgl. Kap. III,1).

102,9 *an dem ihrigen – der Rosshändler:* Im Erstdruck steht nach »ihrigen« ein Punkt, und es beginnt ein neuer Satz.

103,1 f. *seines Feindes Ferse … zu verwunden:* vgl. Gottes

Verfluchung der Schlange im biblischen Schöpfungsbericht: »Und ich will Feindschaft setzen zwischen dir und dem Weibe und zwischen deinem Nachkommen und ihrem Nachkommen; der soll dir den Kopf zertreten, und du wirst ihn in die Ferse stechen« (1. Mose 3,15).

103,3 f. *nicht um die Welt, Mütterchen, nicht um die Welt!:* möglicherweise eine Anspielung auf Jesu Ablehnung der Versuchung durch Satan, der ihm »alle Reiche der Welt und ihre Herrlichkeit« anbietet (Mt. 4,8).

103,11 f. *reichte ihm, ... einen Apfel:* Zwei Bildvorstellungen werden hier übereinander geblendet: Zum einen erscheint die Zigeunerin in der Rolle der Eva, die Adam die verbotene Frucht reicht (vgl. 1. Mose 3,6), zum anderen im Bild der Madonna, die, als zweite Eva, dem Christuskind als zweitem Adam den Apfel als Lebensfrucht darbietet und damit den Sündenfall rückgängig macht.

103,13–16 *dass die Kinder ... den Zettel behalten:* Trotz seiner Verwirrung argumentiert Kohlhaas erbrechtlich konsequent: Er muss Rechtssubjekt bleiben, um seine Ehre und sein Eigentum zu erhalten und damit seinen Kindern das Erbe zu sichern. Dies kann er aber nur, wenn er sich der ›ehrenvollen‹ Hinrichtung nicht widersetzt (vgl. 105,27–30) und das Angebot des Kurfürsten von Sachsen, ihm zur Flucht aus brandenburgischer Haft zu verhelfen, ausschlägt.

103,15 *ihre Enkel:* Zu erwarten wäre: ›seine Enkel‹. »Ihre« kann sich demnach entweder auf »Kinder« beziehen – also die Enkel seiner Kinder – oder aber auf die Zigeunerin, wodurch die Suggestion ihrer Identität mit Lisbeth verstärkt würde.

104,17 f. *Geschlecht:* hier: Familie, Generation.

105,3 *Montag nach Palmarum:* als Hinrichtungstag in der Quelle genannt. Palmarum (Palmsonntag) ist der Sonntag vor Ostern, an dem des Einzugs Jesu in Jerusalem

gedacht wird. Am Tag danach beginnt die Karwoche
mit der Erinnerung an Leiden und Sterben Jesu.

105,11–14 *indem die Chroniken, … aufheben:* Ironie des
Erzählers: Diese einzige explizite Berufung auf die
Quellen ist fiktiv, da die fraglichen Ereignisse erfunden
sind.

105,31 f. *sonderbare:* hier: ungewöhnliche.

105,34–36 *und allen seinen Freunden … verstattet worden:*
möglicherweise eine Anspielung auf das Ende Hiobs;
vgl. Hiob 42,11.

105,37 *Jakob Freising:* Kleists Namensgebung ist nicht
ohne Ironie, wenn der Abgesandte Luthers ausgerech-
net den Namen eines katholischen Erzbistums trägt.

106,1 f. *mit einem eigenhändigen, … verloren gegangen ist:*
Erfindung Kleists; für einen zweiten Brief Luthers an
den historischen Kohlhase gibt es keine Indizien. Damit
wird für Luthers Intention in der Erzählung eine Leer-
stelle für die Mutmaßungen des Lesers und der Leserin
geschaffen; entsprechend weit gehen die Urteile über
Luther in der Sekundärliteratur auseinander.

106,4 *Dechanten:* Vorsteher eines Dekanats, d. h. urspr.
über zehn Mönche.

106,9–12 *an welchem er die Welt, … versöhnen sollte:* Dieses erneute Abrücken des Erzählers von Kohlhaas und
die Idee einer Versöhnung durch den Tod ist möglicherweise als Kontrafaktur zu Schillers *Verbrecher aus
verlorener Ehre* zu sehen (vgl. Kap. III,4). Dort schreibt
der Protagonist an seinen Landesherrn: »Ich möchte leben, um einen Teil des Vergangenen gutzumachen; ich
möchte leben, um den Staat zu versöhnen, den ich beleidigt habe. Meine Hinrichtung wird ein Beispiel sein
für die Welt, aber kein Ersatz meiner Taten. […] Ich
habe Fähigkeiten gezeigt, meinem Vaterland furchtbar
zu werden, ich hoffe, daß mir noch einige übrig geblieben sind, ihm zu nützen« (Schiller, *Werke*, Bd. 5, S. 30).

106,28 f. *Hut, mit … Federbüschen:* Einen »Federhut«

trug, nach dem Bericht des Kurfürsten, auch Kohlhaas auf dem Marktplatz von Jüterbog (vgl. 97,14).

106,32 f. *Elisabeth:* vollständige Namensform von Lisbeth. Durch die Variation wird die suggerierte Identität der beiden Frauen sowohl bestätigt als auch in Frage gestellt; jedenfalls ist Elisabeth kein Name für eine Zigeunerin. Der Name ist zum einen im eschatologischen Kontext der Erzählung zu sehen; er bedeutet ›mein Gott ist Fülle‹ oder einfach ›Glück, Segensfülle‹. Auch die Mutter Johannes des Täufers hieß Elisabeth (vgl. Lk. 1). Zum anderen ist Elisabeth als Volksheilige von der Wartburg die Patronin der Armen und Unterdrückten.

106,34 f. *wunderbare:* hier: seltsame.

107,10 *Konklusum:* Beschluss, Urteil.

107,19 f. *Schwingung einer Fahne:* vgl. die »militärische Sitte, durch Schwenken der F. über einem Ehrlosen diesen wieder ehrlich zu machen, ihn gewissermaßen durch die Kraft des höchsten Ehrenzeichens wieder zu weihen« (*Handwörterbuch des deutschen Aberglaubens,* Bd. 2, Sp. 1122).

107,23 *niedergesetzten:* ernannten.

107,33 *Bist du mit mir zufrieden?:* vgl. Psalm 116,7: »Sei nun wieder zufrieden, meine Seele; denn der Herr tut dir Gutes.«

108,10 f. *»dass er sie … schenke!«:* Nach Müller-Salget (DKV-Ausg., S. 727) wird hier das die Erzählung bestimmende »Gegeneinander von Rechtsinteresse und Familieninteresse (von Rappen und Kindern) [...] ›aufgehoben‹«.

108,32 *Block:* Richtblock, Unterlage des Halses bei der Enthauptung.

109,3–8 *er nahm den Zettel heraus, … und verschlang ihn:* vgl. Ezechiels Berufung zum Prophetenamt: »Und er sprach zu mir: Du Menschenkind, iss, was du vor dir hast! Iss diese Schriftrolle und geh hin und rede zum

Hause Israel! Da tat ich meinen Mund auf, und er gab
mir die Rolle zu essen und sprach zu mir: Du Menschenkind, du musst diese Schriftrolle, die ich dir gebe,
in dich hinein essen und deinen Leib damit füllen. Da
aß ich sie, und sie war in meinem Munde so süß wie
Honig.« (Ez. 3,1–3), sowie Offb. 10,9f.: »Und ich ging
hin zu dem Engel und sprach zu ihm: Gib mir das
Büchlein! Und er sprach zu mir: Nimm hin und ver-
schling's! und es wird dich im Bauch grimmen; aber in
deinem Munde wird's süß sein wie Honig. Und ich
nahm das Büchlein von der Hand des Engels und verschlang's, und es war süß in meinem Munde wie Honig;
und da ich's gegessen hatte, grimmte mich's im Bauch.«
In der Erzählung ist es der Kurfürst, den das Bauch-
grimmen befällt (vgl. 109,9). – Lange (1969) deutet dieses Verschlingen der Schrift als das zweite Essen vom
Baum der Erkenntnis, das am Ende von Kleists Schrift
Über das Marionettentheater als »das letzte Kapitel von
der Geschichte der Welt« bezeichnet wird (SW 2,345).
Dem ursprünglichen Baum der Erkenntnis entspräche
dann der Schlagbaum vom Beginn der Erzählung.

109,16 *anständig:* Hingerichtete wurden allenfalls an der
Mauer, wenn nicht außerhalb des Kirchhofs verscharrt;
Kohlhaas erhält dagegen ein ehrenvolles christliches Be-
gräbnis.

109,18–20 *schlug sie, … zu Rittern:* Kohlhaases Söhne
werden geadelt. Der Stand des Ritters war urspr. eine
Würde, zu der man nur durch Tapferkeit und rühmli-
che Heldentaten gelangen konnte. Ein Ritter wurde niemals geboren, sondern gemacht, egal ob er von hohem
oder niederem Adel war. Später diente der Begriff ›Ritter‹ allg. als Kollektivbezeichnung für männliche Adelige.

109,21f. *wo man das Weitere in der Geschichte nachlesen
muss:* Die Befolgung dieser Lektüreanweisung führt
keineswegs zur Aufklärung über das weitere Schicksal

des Kurfürsten, sondern vielmehr zur Entdeckung der historischen Unstimmigkeiten und Anachronismen der Erzählung; vgl. Anm. zu 97,3–6. Das Studium der Geschichte führt mithin zu der Erkenntnis, dass aus ihr nichts zu lernen ist.

109,23 *noch im vergangenen Jahrhundert:* Offenbar ist also die Nachkommenschaft des Kohlhaas inzwischen, d. h. zu Beginn des 19. Jh., ebenfalls ausgestorben.

109,23 f. *im Mecklenburgischen:* also in Lisbeths Heimat. Bemerkenswert ist, dass das Geschlecht der brandenburgischen Adeligen, zu denen Kohlhaases Söhne gemacht wurden, später nicht in Preußen, sondern in Mecklenburg lebte, das nie zu Preußen gehörte.

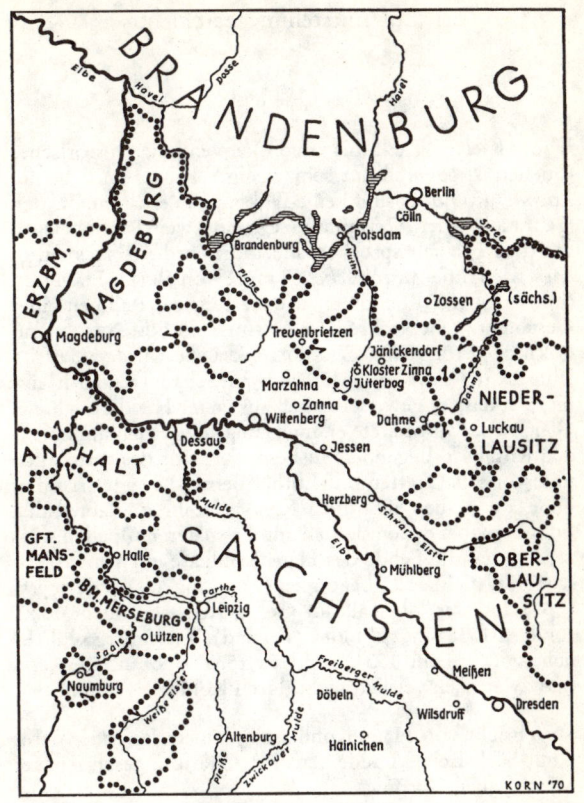

Abb. 3 Karte zum Schauplatz

II. Zur Entstehungsgeschichte

1. Quellen

Über Kleists Kenntnis und Verwendung historischer Quellen ist generell nur sehr wenig bekannt. Im Falle des *Michael Kohlhaas* sind keine Dokumente erhalten, die den Gebrauch einer bestimmten Quelle zweifelsfrei belegen würden. Freilich sprechen alle Indizien des Textes dafür, dass Kleist die *Märckische Chronik* von PETER HAFFTITZ (um 1520–1602) benutzte, wie sie 1731 im Rahmen einer Geschichte Obersachsens von CHRISTIAN SCHÖTTGEN und GEORGE CHRISTOPH KREYSIG gedruckt wurde. Hafftitz lebte als Jugendlicher in Jüterbog am Schauplatz der Ereignisse, sodass er gewissermaßen aus erster Hand berichtete. Gleichwohl verbreitete er auch einige der vielen umlaufenden Kohlhase-Legenden, insbesondere was das vermutlich unhistorische Treffen mit Luther betrifft. Einige Irrtümer unterlaufen auch Schöttgen/Kreysig in ihren erläuternden Fußnoten, bei denen sie sich auf die späteren Quellen stützen: So hat die Fehde des Hans Kohlhase mit seinem Absagebrief nicht 1522 begonnen (vgl. Anm. c), sondern erst 1534, und der Überfall auf Georg Reich hat nicht 1533, sondern 1538 stattgefunden (Anm. d). Wittenberg schließlich wurde nicht 1531, sondern 1534 in Brand gesteckt, und zwar nachweislich nicht durch Kohlhase (Anm. f).

»Nachricht von Hans Kohlhasen / einem Befehder derer Chur-Sächsischen Lande. Aus Petri Hafftitii geschriebener Märckischen Chronic.
ANno Christi 1540. Montags nach Palmarum, ist Hans Kohlhase, ein Bürger zu Cölln an der Spree, mit samt seinen Mitgesellen, George Nagelschmidt, und einem Küster, der sie gehauset, vor Berlin auffs Rad gelegt. Wie er aber zu diesem Unfall kommen, muß ich kürtzlich vermelden.

Dieser Hans Kohlhase ist ein ansehnlicher Bürger zu
Cölln und ein Handelsmann gewesen, und sonderlich hat
er mit Vieh gehandelt. Und als er auff eine Zeit schöne
Pferde in Sachsen geführet, dieselbe zu verkauffen, welche
ihm einer von Adel angesprochen, als hätte er sie gestoh-
len, (a) hat er die Pferde im Gerichte stehen lassen, auff
des Edelmanns Unkosten, wofern er gnugsamen Beweiß
brächte, daß er sie ehrlich gekaufft: oder im Fall, da ers
nicht erweisen würde, der Pferde verlustig seyn wolte.
Als aber Kohlhase davon gezogen, hat der Edelmann die
Pferde etliche Wochen weidlich getrieben, und also ab-
matten lassen, daß sie gantz und gar verdorben: Derowegen hat Kohlhase auff seine Wiederkunfft, da er gnugsam
Beweiß brachte, die Pferde nicht wieder annehmen, sondern bezahlet haben wollen. Und weil es der Edelmann
nicht hat thun wollen, und Kohlhasen, ungeacht, daß es
beym Churfürsten zu Sachsen ordentlicher Weise gesucht,
(b) zu seinem Rechte nicht hat mögen geholffen werden,
hat er dem Churfürsten zu Sachsen entsagt[1], (c) und darauff hart für der Zane einen reichen Seiden-Kramer von
Wittenberg, Georg Reich genannt, beraubet, (d) seiner

(a) Günters von Zaschwitz Untersassen zu Melaun und Schnatitz hatten es
auf ihres Junckern Befehl gethan. Mencius im Sächsischen Stamm, p. 186,
187. ed. a. 1598.
(b) Er hat vom alten und jungen Marggrafen zu Brandenburg Schreiben an
den Churfürsten zu Sachsen gebracht, und den von Zaschwitz auf des gedachten Churfürsten Befehl erstlich für Bastian von Kötteritz Hauptmann
zu Düben, hernach für Hansen Metzschen, Landvogt zu Wittenberg betagt.
Mencius l. c.
(c) Der Absage-Brief ist an den Landvoigt zu Wittenberg geschickt worden. Mencius.
Dieses Wesen hat sich schon a. 1522. angefangen, wie Leutinger im I. Buch
p. 49. edit. Küster. bezeuget.
(d) Ist a. 1533. geschehen, als er nach Juterbock zu Marckte fahren wollen.
Hernach ist auch Kohlhase dem Gleitsmann zu Marzana auff dem Fleming
bey nächtlicher Zeit ins Hauß gefallen, hat allen Muthwillen getrieben,
letzlich den Wirth Preiß gegeben, und, nebst seinen Gesellen, mit Spiessen
durchrennet. Mencius.

1 Absagebrief als Beginn der Fehdehandlungen.

Frauen die Ringe vom Finger gezogen, was er bey sich gehabt, genommen, ihn weggeführet, und etliche Wochen an einem Orte, dahin niemand gekommen, auff einem beschlossenen Werder an der krummen Sprew in einem Berge, da er mit seiner Gesellschafft sein sicher Gewahrsam gehabt, gefänglich gehalten, biß er sich mit Gelde gelöset: Und hat sonst viel Nehmen gethan, biß endlich der Churfürst zu Sachsen sich erboten, einen Vertrag mit ihm auffzurichten, und zu Erörterung der Sache ihm zu Jüterbock einen Tag[2] bestimmt. Denselben hat Kohlhase in die 40. Pferde starck mit des Churfürsten darzu verordneten Räthen und stadlichen Beystand besucht. Ob nun wohl die Sache von beyder Churfürsten Räthen nach Nothdurfft berathschlaget, und zu Grunde vertragen worden, so haben doch die Sachsen solchen Vertrag nicht nachgesetzt. (e) Derowegen denn Kohlhase verursacht dem Churfürsten zu Sachsen auffs neue zu entsagen. Und weil damahls beyde Häuser, Brandenburg und Sachsen, in ein Mißverständniß gerathen, hat Kohlhase das Churfürstl. Brandenburgische Geleite, dergleichen des Ertzbischoffs zu Magdeburg im Stiffte leichtlich erhalten. Derowegen er denn den Churfürsten zu Sachsen hefftig angegriffen, die Sächsische Dörffer an der Märckischen und Stifftischen Grentze gelegen, geplündert, das Städlein Zane ausgebrannt, und grossen Schaden gethan, (f) daß der Churfürst zu Sachsen nothwendig gedrungen an den Churfürsten zu Brandenburg und Ertz-Bischoff zu Magdeburg um Einsehen zu haben zu schreiben.
Ob nun wohl beyde Churfürsten, der Brandenburgische

(e) Vielleicht solte sich auch wohl Sächsischer Seite hierbey etwas zu erinnern finden, wenn man die Acten sehen könte.
(f) Leutinger im 3. Buch p. 113. schreibet, er habe a. 1531. die eine Vorstadt vor Wittenberg vor dem Schloß-Thore anstecken lassen, und dadurch in der Stadt ein grosses Schrecken verursacht.

2 Rechtstag; schiedsgerichtlicher Verhandlungstermin, wie er bei jeder Fehde als Versuch ihrer Beilegung anberaumt wurde.

und Mentzische, Kohlhasen in ihren Schutz und Geleite
genommen, haben sie doch endlich gewilliget, daß ihn der
Sachse solte suchen lassen, und wo er ihn betreten wůrde,
wolten sie ihm Rechts zu ihm verstatten. Darauff verord-
nete der Churfůrst zu Sachsen 24. reisige Pferde mit voller
Růstung mit langen Lantzen, die zogen hin und wieder im
Ertzstifft um, und wo sie nur von Kohlhasen hörten,
suchten sie ihn, und wolten ihn in Hafft bringen: und war
doch keiner unter ihnen, der ihn kannte. Und weil Kohlhase ein anschlägiger und unverzagter Mann gewesen, der
seine Sache in guter Acht genommen, hat er offt mit den
Sächsischen, die auff ihn geritten, in Krůgen und Herbergen, da sie gewesen, gessen und truncken, ihre Anschläge
gehöret, auch das Geld, so ihnen zur Zehrung nachge-
schickt, bißweilen bekommen. Und weil zu der Zeit
manch unschuldig Blut vergossen ward, und dahin gericht, der doch nie sein Diener gewesen, oder ihn gekannt,
hat er offt dabey gehalten und zugesehen, wie sie gericht
worden, solches dem Churfůrsten zu Sachsen zugeschrieben, und zum guten Gemůth gefůhret, wie schwer ers zu
verantworten hätte.
Als Anno Christi 1538. Freytags fůr Pfingsten zweene
Schneider-Gesellen fůr das Closter Zinne gerädert worden, welche zu Jenickendorff in eines Bauren Scheune,
darinn sie benächtiget, dieweil sie aus Furcht niemand be-
herbergen wollen, gefangen, hat Kohlhase bald in derselben Nacht die Råder lassen abhauen, und die Råder den
Berg hinab gegen den Busch lauffen, die Cörper hinweg
gefůhret, und mit zwey Hufnageln auff einen Zettel diß
geschrieben, an dem einen Galgen steil auff dem Pferde
sitzende angenagelt: O filii hominum, si vultis judicare,
recte judicate, ne judicemini.[3] Welchen Zettel wir am
Pfingstabend, als wir mit unsern Præceptoribus[4], dem al-

---

3 O Menschensöhne, wenn ihr urteilen wollt, urteilt richtig, damit ihr nicht
  verurteilt werdet.
4 Mit unseren Lehrern.

ten Gebrauch nach, haben wollen Meyen[5] hohlen, gefunden, herabgenommen, und ich habe ihn selbst ins Kloster
getragen, und dem Abte überantwortet. (g) Denn es war
damahls der gottlose Gebrauch im Closter, wenn einer daselbst gerechtfertiget ward, so muste in allen Dörffern
zum Closter gehörig, jeder Hüfner ein Ey, und ein Costet[6]
6. Pfennige geben, welches eine grosse Summe trug. Das
Geld bekam der Voigt, und um solches Geldes willen,
habe ich manchen daselbst sehen richten, deme zu viel geschah. Jtzo aber ist es gantz abgeschafft.

Es ist aber damahls eine starcke Rede gangen, (welche
doch bald gestillt) daß Kohlhase in der Vorstadt zu Jüterbock einen Kasten soll gekaufft haben, die beyden Cörper
darein gelegt, mit etlichen Schreiben an den Churfürsten
zu Sachsen, und nach Wittenberg geführet, in eines vornehmen Bürgers Behausung, im Nahmen eines wohlbe-
kannten Kauffmanns biß zu seiner Wiederkunfft denselben
ben in Verwahrung zu nehmen, eingeantwortet. Als nun
ein Tag oder zweene vergangen, hats im Hause angefangen
übel zu stincken, daß man nicht gewust, wo es herkomme.
Und da solches von Tag zu Tag überhand genommen, also
daß man im Hause für Stanck nicht hat bleiben können,
hat man den Kasten gerichtlich geöffnet, die beyden
Cörper samt Kohlhasen Schreiben darinn befunden, dasselbe dem Churfürsten zu Sachsen zugeschickt, und die
Cörper begraben lassen.

Darüber ist Kohlhase weiter und weiter zugefahren, einen
Schaden über den andern in Sachsenland gethan, und viel
Mühe und Arbeit angerichtet, daß also dem Churfürsten
zu Sachsen ein groß Geld auf diese Sache gelauffen, welche man mit einem geringen im Anfange hat stillen

(g) Hieraus ist ein Umstand zu Hafftitii Leben zu ersehen, den Herr Schlicht
in seinen Neben-Stunden weggelassen, daß er nehmlich zu Jüterbock in die
Schule gegangen, welches gantz nahe bey dem Kloster Zinne lieget.

5 Maienkräuter oder -blumen.
6 Kotsass; Angehöriger der bäuerlichen Mittelschicht.

können. Denn obwohl bißweilen die Sachsen ihm sehr
nahe sind kommen, und vermeinet, sie wolten ihn ertappen, so ist er doch Steg und Weg kundig gewesen, hat so
manchen Forth durch die Sprew und andere fliessende
Wasser gewust, daß, wenn sie ihn gleich in einem Sacke zu
haben, vermeinet, er gleichwohl im Hui durch die Wässer
ihnen weit hat entgehen können.

D. Luther seeliger hat, in Erwegung und Behertzigung aller Umstånde, und zu Verhütung weiter Ungelegenheit, so
zu beyden Theilen daraus erwachsen könte, an Kohlhasen
geschrieben, und vorwarnt von seinem Fürnehmen abzustehen, und hat ihm allerley zu Gemüthe geführet, was
ihm darauff stünde, und wie GOtt seine Verletzung, wo er
ihm die Ehre und Rache nicht würde geben, wohl würde
an Tag bringen und råchen. Darauff ist Kohlhase unvermerckt gen Wittenberg selb ander reutende kommen, und
im Gasthofe eingekehret, seinen Diener in der Herberge
gelassen, und auff den Abend für D. Luthers Thür gegangen, angeklopffet und begehret den D. zur Sprache zu haben. Als aber der D. sein Gesind sich nahmkündig zu machen, und was sein Begehr wåre zu entdecken, ihme etliche mahl sagen lassen, welches er nicht hat thun wollen,
und doch starck drauff gedrungen, er müste den D. in eigener Person zu Sprache haben, ists dem D. eingefallen,
daß es vielleicht Kohlhase seyn möchte, ist deßwegen
selbst an die Thür gegangen, und zu ihm gesaget: Numquid tu es Hans Kohlhase? hat er geantwortet: Sum Domine Doctor.[7] Da hat er ihn eingelassen, heimlich in sein
Gemach geführet, den Herrn Philippum, Crucigerum,
Majorem, und andere Theologen zu sich beruffen lassen,
da hat ihnen Kohlhase den gantzen Handel berichtet, und
sind spåte bey ihm in die Nacht geblieben. Des Morgens
frühe hat er dem D. gebeichtet, das hochwürdige Sacrament empfangen, und ihnen zugesagt, daß er von seinen

7 Bist du es etwa, Hans Kohlhase? – Ich bin es, Herr Doktor.

Vornehmen wolte abstehen, und dem Lande zu Sachsen keinen Schaden hinfort zufügen, welches er auch gehalten. Ist also unerkennt und unvermerckt aus der Herberge geschieden, weil sie ihn getröstet, seine Sache befodern zu helffen, daß sie eine gute Endschafft solle gewinnen. Weil aber endlich auch nichts draus worden, daß sichs verweilet, und die Verfolgung der Sachsen nichts desto weniger für und für gewähret, hat ihm George Nagelschmidt sein Gesell gerathen, er solle den Churfürsten zu Brandenburg angreiffen, so würde er sich sein wohl annehmen, daß die Sache mit den Sachsen vertragen würde. Diesem folgete Kohlhase, aber sehr unbedacht, und unglücklich. Beraubte darauff den Conrad Dratziger des Churfürsten zu Brandenburg Factor, der ihm die Silber einkauffte, im Mansfeldischen und Stolbergischen Bergwerck, nahm eine Anzahl Silber-Kuchen, welche er eine halbe Meile dißeit Potzdam unter einer Brücken, die noch heutiges Tages Kohlhasen-Brücke heißt, in das Wasser versencket, nicht der Meinung solches zu behalten, sondern den Churfürsten dadurch zu verursachen, sich seiner anzunehmen. Aber dieser Anschlag gerieth gar übel. Denn nachdem des Churfürsten Geleit gebrochen, hat der Churfürst also fort Meister Hansen dem Scharffrichter, welcher ein ausbündiger Schwartzkünstler war, befohlen, (i) daß er ihm die Gäste solte in die Stadt Berlin schaffen, so wolte er sehen, wie er sie möchte zu Gehorsam bringen. Denn thäten sie das am grünen Holtz, was wolten sie wohl am dürren zu thun sich unterstehen?[8] Darum hat Meister Hans der Scharff-

---

(i) Ich habe diese Worte so, wie ich sie im Hafftitio gefunden, unverstümmelt eindrucken lassen: Es sey aber ferne von mir, daß ich den theuren Churfürsten dessen beschuldigen wolte, daß er von Zauberey viel gehalten. Sondern ich glaube vielmehr mit Leutingern, lib. XVIII. p. 639, daß man von ihm mehr vorgegeben, als zu beweisen stehet. Es war aber dieses ein Fehler derer damahligen Zeiten, daß man alle Klugheit und Geschwindigkeit, die man nicht so gleich begreiffen konte, der Zauberey zuschrieb.

8 Lk. 23,31.

richter durch seine Kunst so viel zu wege gebracht, daß
Kohlhase mit seiner Gesellschaft hat müssen gen Berlin
kommen. Da man nun seiner gewahr worden, hat der
Churfürst an allen Ecken lassen ausruffen: Wer Kohlhasen
oder seine Gesellen hausen und hegen, oder bey welchen
sie befunden würden, der solte am Leibe gestrafft werden.
Darauff hat man hin und wieder so lange Haußsuchung
gethan, biß man ihn im Gäßlein bey S. Nicolaus Schule, in
Thomas Meißner Hause gefunden, da hat er samt seiner
Haußfrauen in einem Kasten gelegen, und als man denselben eröffnet, ist er behend heraus gesprungen, denselben
wieder zugeschlagen, und unverzagt gesagt: Hier bin ich,
und trage in der Jopen, damit ich büssen und bezahlen
kann, was ich mißgehandelt. Seine Haußfrau aber, weil sie
niemand hat hausen dürffen, und mit schweren Fuß gangen, hat sie unter den Feuer-Leitern gegen dem Cöllni-
schen Rathhause über zweene todte Kinder gebohren, und
wäre nicht Wunder, daß sie in solcher Noth wäre umkom-
men, wenn sie GOtt nicht erhalten, und zu mehr Creutz
und Elend gesparet hätte.

Nachdem nun der Principal bekommen, hat man nach seiner Gesellschaft auch getrachtet. Hans Graßmuß, der auch
ein ausbundiger Schwartzkünstler gewesen, ist hin und
wieder auff den Dächern als eine Katze lauffende gesehen,
biß er endlich entkommen. Und ob wohl ihn hernach viel
guter Leute offt gefragt, wie er doch davon kommen? hat
ers doch nicht sagen wollen. Es ist aber das Geschrey gangen, als solte er sich die Haare auff dem Haupt und im
Bart mit einem kleinen Kamm gekämmet haben, daß sie
grau worden, und wär in einem alten zerrissenen Bauer-
Rock mit einem Messer ein Höltzlein in Händen schnip-
pernde gehabt, also zum Thor durch die Wache gehende
unerkannt hinauskommen.

Georg Nagelschmidt aber, der sein Handwerck verlassen,
und ein Landsknecht war gewesen, darum er auch alles
thurstig und freventlich gewagt, ist letzlich in Putelitzes

eines Bürgers Behausung hart bey S. Georgen Thor hinter
der Feuer Mauer stehend gefunden worden. Derowegen
man auch denselben Bürger (ungeacht, daß er davon keine Wissenschaft gehabt) samt seiner Frauen hat gefänglich eingezogen, und auff dem neuen Marckt zum Berlin
auff einem auffgerichteten Gerüste in primo fervore[9] enthäuptet hat. Und ob man wohl der Frauen das Leben
schencken wollen, hat sie es doch nicht thun wollen, sondern ehe sie beyde gerichtet worden, hat sie ihren Mann
freundlich umfangen, und mit einem Kuß gesegnet. Und
weil sie alle beyde alte verlebte Leute gewesen, sind sie
auff einem Stuhl sitzend enthäuptet worden.
Nicht lange darnach hat der Churfürst zu Brandenburg
den Sachsen einen peinlichen Zutritt[10] und gerichtlichen
Proceß wieder Kohlhasen verstattet, derowegen er den
Montag nach Palmarum mit Nagelschmieden und dem
Küster, der sie gehauset, ist fürs Gerichte gestellet, und
von dem Sächsischen Anwalt, als der wider Käyserlichen
Land-Frieden gehandelt, atrociter[11] ist peinlich[12] angekla-
get worden. Darauff Kohlhase, dieweil er ziemlich beredt,
etwas studiret und wohl belesen gewesen, seine Antwort
dermassen ausführlich gethan, und den gantzen Handel
nach allen Umständen über 3. Stunden von Anfang biß zu
Ende nothdürfftig referiret und fürbracht, daß sich des
jedermann drüber verwundert, und ihm Beyfall geben
müssen. Weil aber die Verbitterung so groß gewesen, ist er
zum Tode des Rades verurtheilet worden. Und ob man
ihn wohl mit dem Schwerdt begnaden wollen, hat ihn
doch der Nagelschmidt abgehalten, daß ers nicht thun solte. Denn wenn sie gleiche Brüder gewesen, so wolten sie
auch gleiche Kappen tragen. Sind also alle drey mit einan-

---

9 In der ersten Erregung.
10 Einen strafrechtlichen Zugriff, was auch die Befragung unter Folter ein-
    schloss.
11 Furchtbar, schrecklich.
12 Auf Leib und Leben.

der fast hoch auff den Tag hinaus geführet, und auffs Rad
gelegt, darauff Kohlhase lange Zeit und über einen Monat
lang frisch geblutet[13]. Es ist aber, alsbald er gerichtet, dem
Churfürsten zu Brandenburg leid gewesen, und wenns
hernach hätte geschehen sollen, würde es wohl verblieben
seyn. Aber GOtt hat ihm vielleicht sein Ende also aufge-
setzt.«

> Nachricht von Hans Kohlhasen, einem Befehder de-
> rer Chur-Sächsischen Lande. Aus Petri Haftitii ge-
> schriebener Märckischen Chronik. In: [Schöttgen/
> Kreysig:] Diplomatische und curieuse Nachlese der
> Historie von Ober-Sachsen, und angrentzenden
> Ländern. Zu einiger Erläuterung derselben, gehalten
> von Christian Schöttgen und George Christoph
> Kreysig. Dritter Theil. Dresden/Leipzig: bey Chri-
> stoph Hekels seel. Sohn, 1731. S. 528–541.

In ihren Anmerkungen zu Hafftitz' Chronik beziehen
sich Schöttgen/Kreysig auf zwei weitere Quellen, die daher auch Kleist benutzt haben könnte, falls er den Hin-
weisen gefolgt ist.
BALTHASAR MENTZ' (1500–85) *Stambuch und kurtze Erzehlung* der Fürstenhäuser Sachsen, Brandenburg, Anhalt
und Lauenburg erschien 1598. Sein Bericht ist eine sach-
liche Aneinanderreihung von Fakten ohne legendarische
Ausschmückungen, wie sie sich bei Hafftitz finden. Dies
sowie der Umstand, dass er den Inhalt von Kohlhases
Fehdebrief kennt, verleiht seinem Bericht eine Glaubwür-
digkeit, die möglicherweise auch seiner von Hafftitz' Darstellung abweichenden Schilderung der Hinrichtungsart
zukommen könnte: Bei Mentz stirbt Kohlhase – wie bei
Kleist – durch das Schwert.

»JOhan Friderich Churfürst zu Sachsen / Churfürst Hansen vnd Fraw Sophien Sohn / ein Christlicher frommer

---

13 Als Teil der Kohlhase-Legenden ein Umstand, der auf seine Unschuld
   hindeuten sollte.

ehrlicher und hochlöblicher Herr / mit allen Fürstlichen
tugenden begabet / dessen Ritterliche hochlöbliche tha-
ten / bey jedermenniglich noch in frischer gedechtnus /
hat nicht weniger als sein Herr Vater / wegen der Religion / Reuber / Mordbrenner vnnd andere feinde allerley
gefahr / vnd anfechtung müssen ausstehen. So hat auch in
angehender seiner Regierung Hans Kohlhase ein Bürger
von Berlin / seiner Churf. Gnad. vnterthanen im Chur-
kreis Sachsen abgesagt / vnnd ein gros schrecken vnter die
Pawern bracht: Der vrsachen / das Günter von Zaschwitz
vntersassen zu Melaun vnd Schnatitz[14] durch jres junckern
befehlich / jme auff freier strassen zwene klöpper mit gewalt genomen / vnd öffentlich jm vnters gesicht gesagt /
das er dieselben gestolen hette. Weil er dann vom alten
vnd jungen Marggraffen zu Brandenburg schreiben an den
Churfürsten zu Sachsen bracht / vnd den von Zaschwitz
für den Heuptman Bastian von Kotteritz zu Dieben / vffs
Churfürsten zu Sachsen befehlich dohin betagt / vnd darnach für den Landvogt zu Wittenberg / Hansen Metzschen / jm doch von gedachten Zaschwitzen kein abtrag
worden / Als hat er dem Landvogt zu Wittenberg ein ab-
sagbrieff vberschickt / dorin er sich des von Zaschwitz
vnnd des gantzen Landes zu Sachsen öffentlichen abge-
sagten feind erkleret / vnd wo er jemand bekomen / an
henden vnd füssen zu lehmen / auch zu rauben / bren-
nen / vnd sie hinweg zu führen vnd zu schatzen jm fürge-
nomen / bis so lang im von Günter Zaschwitzen vor solche grosse injurien der bezüchtigung halben auch für den
hohn / spot vnd schmach gentzlicher abtrag geschehe /
dorauff auch Anno 1533. einen Wittenbergischen kramer /
so nach Jüterbock zum jahrmarckt gefaren / auffgehalten /
den wagen auffgehawen vnd alle wahre genomen. Darnach dem Gleitzmann zu Marzana auff den Fleming / bey
nächtiger zeit ins haus gefallen / allen mutwillen getrie-

---

14 Wellaune und Schnaditz.

ben / vnd letzlich den Wirth preis geben vnd mit seinen gesellen mit spiessen durchrennet / derwegen er als ein Landfriedsbrecher vnd strassenreuber zu Berlin eingezogen / vnd uff grosse vorbit[15] mit dem schwerd gerichtet worden.«

[Balthasar Mentz:] Stambuch vnd kurtze Erzehlung. Vom vrsprung vnd Hehrkomen der Chur vnd Fürstlichen Heuser / Sachsen / Brandenburg / Anhalt vnd Lawenburg. Durch M. Balthasar Mentzen. Wittenberg: M. Georg Müller, 1598.

Nicolaus Leutinger (1554–1612) war eine Generation jünger als Hafftitz und Mentz. Wie die Terminologie seines 1729 in lateinischer Sprache erschienenen Berichtes zeigt, war ihm das Fehdewesen als rechtliche Institution offenbar schon nicht mehr bekannt. Seine Schilderung der Fehdehandlungen baut auf Gerüchten auf; die Erdichtungen gehen zu Lasten von Kohlhase. Für Kleists Kenntnis dieser Quelle könnte der Umstand sprechen, dass die Namensform des dänischen Königs Christian II. bei Leutinger Christiernus lautet (vgl. »Prinz Christiern von Meißen« bei Kleist). Im Folgenden wird Leutingers Bericht in deutscher Übersetzung abgedruckt:

»[L. I] § 69. Während man darüber verhandelte, schweifte in der Mark ein höchst merkwürdiger Räuber umher, Colhas genannt, der äußerst gefährlich war durch seine Raubzüge in Sachsen, besonders in der Gegend von Wittenberg, und hierdurch hatte er so große Macht, Zuversicht und Kühnheit gewonnen, daß er, nachdem aus einer Handvoll Soldaten und Räubern ein Kriegshaufen zusammengebracht war, einen plötzlichen Überfall machte und überall Schrecken verbreitete, größten Schaden verursachte, die Vorstädte anzündete, die Äcker verwüstete, Häuser

15 Anklage.

plünderte, die Einwohner niedermetzelte, ich weiß nicht,
was sonst noch alles anstellte, und weil er seine Stärke aus
Zauberei und List bezog, so konnte er weder durch Gewalt niedergeworfen noch durch einen Hinterhalt gestellt werden, zumal die Zwietracht im Glauben ihm noch
nützte.

[L. III] § 10. In dieser Zeit steigerte sich ein gewisser persönlicher Streit zwischen Sachsen und Brandenburg, der
im wesentlichen seinen Ursprung und seine Entwicklung
der Verschiedenheit der Religion verdankte. Weil dieser
das Ansehen des Papsttums begünstigte, wurde die Lehre
des Evangeliums öffentlich und privat, im häuslichen wie
staatlichen Bereich so sehr zurückgedrängt, daß er deshalb selbst die ihm Liebsten aufs äußerste haßte, vom früheren Umgang ausschloß und ihnen sogar den Zutritt ver-
wehrte.

Seine Gattin Elisabeth erkannte, daß sie aus gleichem
Grunde vom Fürsten verachtet wurde, und zog sich deshalb mit Erlaubnis von Johannes Elektor, von dessen
Schwester die Dänenkönigin Christina abstammte – ihr
Vater war Johann –, ins Kloster Lichtenberg an der Elbe
zurück und unterhielt sich, weil sie nun günstigere Gelegenheit fand, oft mit Luther.

Die Niederlage des Dänenkönigs Christian II., des Bruders, hat diese glücklichen Umstände noch entscheidend
unterstützt. Dieser wurde nämlich gefangengenommen,
als er mit einer bewaffneten Flotte gegen die Dänen Krieg
führte, um ein Unrecht zu ahnden, und hat, nachdem
er von den Vornehmen des Reiches und König Friedrich ins Gefängnis geworfen worden war, auch noch seinen hochbegabten Sohn durch einen vorzeitigen Tod verloren.

§ 11. In dieser Entfremdung der Geister wurde Colhas
den Wittenbergern noch erheblich lästiger und verwandel-
te die Vorstadt nahe jenem Tor, das zur Burg führt, durch
Brandstiftung in einen Aschenhaufen und erfüllte die Bür-

ger mit solcher Furcht, daß sie alle Dinge, die sich auf
Grund ihres Wertes dafür empfahlen, in Weinkellern unter
der Erde verbargen und die übrigen ihrem Schicksal über-
ließen. Einem Helfershelfer dieser Ruchlosigkeit hat er einige Zeit später, als er ihn mit ihm anvertrauten Briefen an
den Präfekten abgesandt und der schwersten Todesstrafe
überliefert hatte, den gerechten Lohn für das begangene
Verbrechen gegeben. Begleitet von einer Schar Räuber,
verwüstete er das Gut Marzahna, das zwei Meilen von
Wittenberg entfernt war, hängte den Hausherrn drei Stunden lang mit den Füßen an der Wand auf, quälte ihn aufs
äußerste, durchbohrte ihn endlich, leerte die Vorratskam-
mern und bestrafte die Anwohner, soweit er konnte,
hart.

Als das von jenen in der Stadt gemeldet worden war, denen
es von Amts wegen und aus Notwendigkeit oblag, und als
der Präfekt bereits zur Stelle war, da erst bereitete er seine
Flucht durch das Gebiet von Zinna vor und führte seine
Verfolger dadurch an der Nase herum, daß er die Brücken
zum Einsturz bringen oder beschädigen ließ und die Weg-
verhältnisse gut kannte. Es gibt eine Gegend, die sich auf
der einen Seite bis zur Mark, auf der zweiten bis zum Bis-
tum Magdeburg, auf der dritten bis Sachsen und schließlich bis zur Lausitz erstreckt in der Nachbarschaft des Ge-
bietes von Zossen, unterteilt in einige Herrschaften, ganz
schauerlich durch dichteste Wälder, wohin er entwischte
und durch einen kühnen Ausfall der Gefahr entkam.

Vieles hat der Räuber hier ungestraft begangen. Als er
auch für die Mark und ihren Fürsten die Belästigungen
und Rechtswidrigkeiten so gesteigert und die Schatzwagen
heftig angegriffen hatte, wurde er schließlich, als seine
Arglist ihr verderbliches Höchstmaß erreicht hatte und
List durch List überwältigt wurde, in den Mauern der
Häuser ergriffen, in die er schlich und sich heimlich auf-
hielt, ins Gefängnis geworfen und büßte seine Schuld
durch Enthauptung.

Bald aber gereute den Fürsten dieses weithin bekannt ge-
wordene Urteil, nachdem er manches genauer erfahren
hatte, und er sagte, es wäre ihm lieber, wenn Colhas noch
lebte, als daß er tot sei. Anlaß zu diesen Unruhen hatte ein
vornehmer Sachse gegeben, von dem jener widerrechtlich
mit Gewalt unterdrückt worden war; da es auf rechtmäßi-
gem Wege nicht möglich war, rächte er durch bewaffnete
Räubereien das Unrecht und sühnte es zum Schaden vieler
Unschuldiger.«

> Nicolaus Leutinger: Opera omnia quotquot reperiri
> potuerunt. Georgius Gothofredus Kusterus recen-
> suit, epitomen singulis libris, et lemmata, ubi dee-
> rant, addidit, indicemque adiecit. Frankfurt a. M.:
> sumtu Knochiano, 1729. – Dt. Übers. zit. nach: Gün-
> ter Hagedorn: Heinrich von Kleist, *Michael Kohl-
> haas*. Erläuterungen und Dokumente. Stuttgart: Re-
> clam, 1970. S. 66–69.

In keiner der Quellen wird der Brief MARTIN LUTHERS
(1483–1546) an Kohlhase erwähnt. Dieser hat den Refor-
mator zwar vermutlich nicht persönlich aufgesucht, aber
in einem (nicht überlieferten) Brief um Rat gefragt. Luther
antwortete am 8. Dezember 1534:

Luther an Hans Kohlhase, Bürger zu Cöln an der Spree

(Wittenberg,) 8. Dezember 1534
Gnad und Fried in Christo! Mein guter Freund! Es ist mir
furwahr Euer Unfall leid gewesen, und noch, das weiß
Gott; und wäre wohl zuerst besser gewesen, die Rache
nicht furzunehmen, dieweil dieselbe ohne Beschwerung
des Gewissens nicht furgenommen werden mag, weil sie
ein selbs eigen Rache ist, welche von Gott verboten ist,
Deut. 32.[16] Röm. 12.[17]: Die Rach ist mein, spricht der
Herr, ich will vergelten etc., und nicht anders sein kann;

16 5. Mose 32,35.
17 Vers 19.

denn wer sich darein begibt, der muß sich in die Schanz geben[18], viel wider Gott und Menschen zu tun, welchs ein christlich Gewissen nicht kann billigen.

Und ist ja wahr, daß Euch Euer Schaden und infamia[19] billig[20] wehe tun soll, und schuldig seid, dieselbige[21] zu retten und zu erhalten, aber nicht mit Sunden oder Unrecht. Quod iustum est, iuste persequeris, sagt Moses[22]; Unrecht wird durch ander Unrecht nicht zurecht bracht. Nu ist Selbsrichter sein und Selbsrichten gewißlich unrecht, und Gottes Zorn läßt es nicht ungestraft. Was Ihr mit Recht ausführen moget, da tut ihr wohl; könnt Ihr das Recht nicht erlangen, so ist kein ander Rat da, denn Unrecht leiden. Und Gott, der Euch also läßt Unrecht leiden, hat wohl Ursach zu Euch. Er meinet es auch nicht ubel noch böse mit Euch, kann auch solchs wohl redlich wieder erstatten in einem andern, und seid drumb unverlassen.

Und was wollt Ihr tun, wenn er wohl anders wollt strafen, an Weib, Kind, Leib und Leben? Hie musset Ihr dennoch, so Ihr ein Christ sein wollt, sagen: Mein lieber Herr Gott, ich hab's wohl verdienet, du bist gerecht, und tust nur allzuwenig mit meinen Sunden. Und was ist unser aller Leiden gegen seins Sohns unsers Herrn Christi Leiden?

Demnach, so Ihr meines Rats begehret (wie Ihr schreibet), so rate ich, nehmet Friede an, wo er Euch werden kann, und leidet lieber an Gut und Ehre Schaden, denn daß Ihr Euch weiter sollt begeben in solch Fürnehmen, darin Ihr müsset aller der Sünden und Büberei auf Euch nehmen, so Euch dienen würden zur Fehde; die sind doch nicht fromm, und meinen Euch mit keinen Treuen, suchen ihren Nutz; zuletzt werden sie Euch selbs verraten, so habt Ihr

---

18 Schanze, f., ›Glückswurf‹ (zu mlat. cadentia ›Fallen der Würfel‹), hier: ›aufs Spiel setzen, wagen, riskieren‹ (vgl. ›in die Schanze schlagen‹).

19 infamia, f., ›übler Ruf, Schmach, Schande‹.

20 zutreffend, angemessen.

21 Gemeint ist wohl die fama, aus in-famia.

22 5. Mose 16,20: Was recht ist, dem sollst du nachjagen.

denn wohl gefischet[23]. Malet Ihr ja nicht den Teufel uber die Tür und bittet ihn nicht zu Gevattern[24], er kömmet dennoch wohl; denn solche Gesellen[25] sind des Teufels Gesindlin, nehmen auch gemeiniglich ihr Ende nach ihren Werken.

Aber Euch ist zu bedenken, wie schwerlich Euer Gewissen ertragen will, so Ihr wissentlich sollet so viel Leute verderben, da Ihr kein Recht zu habet. Setzt Ihr Euch zufrieden, Gott zu Ehren, und lasset Euch Euern Schaden von Gott zugefüget sein und verbeißet's umb seinetwillen, so werdet Ihr sehen, er wird wiederumb Euch segenen und Euer Erbeit[26] reichlich belohnen, daß Euch lieb sei Euer Geduld, so Ihr getragen habt. Dazu helfe Euch Christus unser Herr, Lehrer und Exempel aller Geduld und Helfer in Not, Amen. Dienstag nach Nicolai 1534.

D. Martin Luthers Werke. Kritische Gesammtausgabe (Weimarer Ausgabe). Briefwechsel. Bd. 7. Weimar: Hermann Böhlaus Nachf., 1937. S. 124 f.

In der *Kohlhaas*-Forschung genießt Martin Luther im Allgemeinen einen eher schlechten Ruf (Ausnahme: Wittkowski). Er, der ehemals als Rebell gegen die päpstliche Obrigkeit in einer ähnlichen Situation gewesen sei wie Kohlhaas, habe seit dem Bauernkrieg die Fronten gewechselt. Ebenso jedoch, wie die Erzählung ein nuancierteres Bild des Reformators zeichnet, der sich von Kohlhaas im Gespräch zumindest teilweise überzeugen lässt, ist Luthers historische Position differenzierter zu sehen. Zwar

---

23 Vgl. das Bild vom ›Fischzug‹, Lukas 5,1–11. Luther meint hier ironisch, Kohlhase habe dann ›einen guten Fang gemacht, einen großen Erfolg erzielt‹.

24 Vgl. ›den Teufel an die Wand malen‹. Beide Bilder meinen das Gleiche: Man soll den Teufel nicht rufen, denn man wird ihn nicht mehr los.

25 Gemeint sind solche ›Gesellen‹, wie sie sich zur Fehde zusammentun.

26 ›Erbeit‹ hat hier noch die Bedeutung von mhd. arebeit ›Mühsal, Bedrängnis, Not‹.

lehnt er – etwa in der Schrift *Ob Kriegsleute auch in seligem Stande sein können* von 1526 – Aufruhr gegen die Obrigkeit unmissverständlich ab und urteilt, dass alle Aufrührer des Todes schuldig seien, da er noch keinen Fall kenne, in dem man berechtigt sei, gegen die Obrigkeit zu streiten. Gleichwohl unterscheidet er fast schon in modernem Sinne nach den Beweggründen einer Tat:

»Nu wolan, hie stehet das recht und spricht: Alle auffrurische sind des tods schüldig. Und diese dreyerley sind ynn frisscher that unter dem auffrürischen hauffen funden. Was sol man yhn thun? Sol hie kein auszog gelten und das strenge, steyffe recht gehen, wie es laut von der that eusserlich, so müssen sie auch sterben wie die andern, die sampt der that ein schüldiges hertz und willen drynnen gehabt, so doch diese ein unschuldigs hertz und guten willen gegen die öberckeit gehabt. [...]
So sage ich nu: Ynn solchen fellen, als der dreyerley obgenanten leuten exempel gibt, sol das recht weichen und an seine stat die Billicheit regiern. Denn das recht spricht durre eraus: Auffrur ist des tods schuldig als Crimen lese majestatis, Als eine sünde widder die öberkeit. Aber die Billicheit spricht also: Ja, liebes recht, es ist wie du sagest. Aber es kan geschehen, das zween ein gleich werck thun, aber doch mit ungleichem hertzen und meynunge. [...]
Also wilche unter den auffrürischen gewest sind guter meynunge, die selbigen spricht die billickeit nicht alleine los sondern achtet sie wol zweyfeltiger gnaden werd. [...]
Solche tugent odder weisheit, die also kan und sol das strenge recht lencken und messen, nach dem sich die felle begeben, und einerley guts odder böses werck nach unterscheid der meynunge und der hertzen richtet, Die heyst auff Kriechisch ›Epiikia‹, auf Latinisch ›Equitas‹. Ich nenne sie ›Billicheit‹. Denn weil das recht mus und sol einfeltiglich mit dürren, kurtzen worten gestellet werden, kan

es gar nicht alle zufelle und hindernis mit einfassen. Derhalben die richter und herrn müssen hie klug und frum sein und die Billicheit aus der vernunfft messen und also denn das recht lassen gehen odder anstehen.«

D. Martin Luthers Werke. Kritische Gesammtausgabe (Weimarer Ausgabe). Bd. 19. Weimar: Hermann Böhlaus Nachf., 1897. S. 630–632.

Die amtlichen Akten zur Kohlhase-Fehde wurden von der Forschung bis in die jüngste Zeit nicht ernsthaft als mögliche Quellen Kleists in Erwägung gezogen, zumal von der Verurteilung und Hinrichtung Kohlhases nichts in den Akten steht und die Darstellung daher in diesen Punkten auf die oben zitierten Chroniken angewiesen bleibt. Genaueres Aktenstudium seitens der Kleist-Forschung unterblieb auch auf Grund der weithin vorherrschenden Ansicht, dass die historische Situierung der Erzählung im 16. Jahrhundert nur die Oberflächenstruktur der Erzählung berühre, während es Kleist eigentlich um eine verschlüsselte Darstellung und Kritik seiner eigenen Zeitverhältnisse gegangen sei – eine Ansicht, die in dieser Ausschließlichkeit inzwischen nicht mehr unangefochten gilt. Rechtshistorische Untersuchungen wiesen auf Kleists bemerkenswert zutreffende historische und fehderechtliche Darstellung hin, die bis in einige Details hinein (wie z. B. Ortsnamen) mit den Originalakten oft in auffälliger Übereinstimmung steht (vgl. Müller-Tragin, 1997 und 1999; Dießelhorst/Duncker, 1999). Als parallele Motive und Handlungselemente, die sowohl bei Kleist als auch in den Originalakten, nicht aber in den drei Chroniken erscheinen, nennt Müller-Tragin (1999, S. 28) »das Weib des Kolhase […], welches dem Fürsten das Geleit zurückgibt« – bei Kleist: Lisbeths verhängnisvolle Reise nach Berlin –, »das Bild vom Austritt des Kolhase aus der Gesellschaft, das Motiv: wenn der Kurfürst Kenntnis vom Fehdefall des

Kolhase genommen hätte, so würde dieser eine gerechte Entscheidung in der Sache treffen, und schließlich die Darstellung der adeligen Widersacher, besonders der Höflinge, als Klüngel von Verwandten, welche sich gegenseitig in ihren widerrechtlichen Machenschaften decken«. Die beigebrachten Indizien lassen Kleists zumindest auszugsweise Kenntnis der umfangreichen Originalakten – im Weimarer Staatsarchiv lagern zwölf Bände mit knapp 3000 Seiten Aktenmaterial – als möglich erscheinen.

2. Dokumente zur Entstehungsgeschichte

Selbstzeugnisse Kleists aus der Entstehungszeit der Erzählung fehlen fast völlig, sodass nicht mit Sicherheit gesagt werden kann, wann er mit den Recherchen oder der Niederschrift begonnen hat. Gemäß den nachträglichen Erinnerungen des Literaturkritikers WILHELM VON SCHÜTZ (1776–1847) in seinen *Biographischen Notizen* von 1817 gehört der Plan zum *Michael Kohlhaas* zu Kleists frühen Arbeiten. Die Anregung seines Freundes Ernst von Pfuel ist demnach auf die gemeinsame Berliner Zeit Anfang 1805 zu datieren:

»Nach der Genesung geht er nach Potsdam zurück und dann nach Berlin, arbeitet im Finanz-Departement. Er ist fleißig. Ist wieder mit seinem Freunde versöhnt; will dieser soll auch eine Tragödie schreiben. Pfuel erzählt ihm die Geschichte von Kohlhaas: so entsteht dieser. Geht nach Königsberg, wie dieser dorthin geht.«

Heinrich von Kleists Lebensspuren. Dokumente und Berichte der Zeitgenossen. Hrsg. von Helmut Sembdner. 7., erw. Neuaufl. München/Wien: Hanser, 1996. Nr. 128. [Im Folgenden zit. als: Lebensspuren.]

Das nächste erhaltene Zeugnis ist bereits der *Phöbus*-Druck von 1808. Im Mai 1810 schickt Kleist den überarbeiteten ersten Teil des *Kohlhaas* an seinen Verleger Georg Andreas Reimer, der noch im selben Jahr einen Band mit Erzählungen des Autors herausgibt, der mit *Michael Kohlhaas* eröffnet wird. Dass mit dem Druck begonnen wurde, bevor die Texte abgeschlossen waren, ist gängige Praxis der Zeit:

»Ich schicke Ihnen das Fragment vom Kohlhaas, und denke, wenn der Druck nicht zu rasch vor sich geht, den Rest, zu rechter Zeit, nachliefern zu können.«

Kleist: Sämtliche Werke und Briefe. Hrsg. von Helmut Sembdner. 2 Bde. 6., erg. und rev. Aufl. München: Hanser, 1977. Bd. 2. S. 835. [Im Folgenden zit. als: SW.]

III. Kontexte der Entstehungszeit

1. Texte Kleists

Kleists möglicherweise verwendete Quellen zielen auf die historische Situierung der Erzählung im 16. Jahrhundert. Von Bedeutung sind jedoch auch die zeitgenössischen Bezüge des Textes. Zur negativen Darstellung des sächsischen Kurfürsten wurde in der Forschung immer wieder auf Kleists Stellungnahmen gegen den sächsischen König im Rahmen seiner antinapoleonischen Schriften verwiesen. So heißt es etwa im zehnten Kapitel des *Katechismus der Deutschen* (1809):

»FRAGE. Wer ist der Herr der Deutschen?

ANTWORT. Die Deutschen, hast du mich gelehrt, haben keinen Herrn.

FRAGE. Die Deutschen hätten keinen Herrn? Da hast du mich falsch verstanden. Dein eigner Herr, zum Beispiel, ist der König von Sachsen.

ANTWORT. Der König von Sachsen?

FRAGE. Ja; der König von Sachsen!

ANTWORT. Das *war* dieser edle Herr, mein Vater, als er noch dem Vaterlande diente. Er wird es auch wieder werden, so gewiß als er zu seiner Pflicht, die ihm befiehlt, sich dem Vaterlande zu weihen, zurückkehrt. Doch jetzt, da er sich, durch schlechte und bestochene Ratgeber verführt, den Feinden des Reichs verbunden hat, jetzt ist er es, für die Wackeren unter den Sachsen, nicht mehr, und dein Sohn, so weh es ihm tut, ist ihm keinen Gehorsam schuldig.

FRAGE. So sind die Sachsen ein unglückliches Volk. – Sind sie die einzigen, oder gibt es noch mehrere Völker in Deutschland, die keinen Herrn haben?

ANTWORT. Noch viele, mein lieber Vater.«

SW 2,357.

In einigen Beiträgen seiner Tageszeitung *Berliner Abend-blätter* greift Kleist Themen und Wendungen des *Kohl-haas* auf. Seine einleitenden Sätze zu einer Korresponden-tennachricht unter dem Titel *Beispiel einer unerhörten Mordbrennerei* in der Ausgabe vom 8. Januar 1811 spielen auf den Beginn des *Michael Kohlhaas* an:

»Als vor einiger Zeit die Gegend von Berlin von jener be-rüchtigten Mordbrennerbande heimgesucht ward, war je-dem Gemüte, das Ehrfurcht vor göttlicher und menschli-cher Ordnung hat, die entsetzliche Barbarei dieser Greuel unbegreiflich; und doch war es noch wenigstens nur, um zu stehlen. Was wird man nun zu einem Rechtsfall sagen, der im Jahr 1808 bei dem Kriminalgericht zu Rouen statt hatte? Daselbst ward die Todesstrafe, der Mordbrennerei wegen, über einen Mann verhängt, der bis in sein 60. Jahr für einen rechtschaffenen Mann gegolten und der Achtung aller seiner Mitbürger genossen hatte. Johann Mauconduit, Bauer zu Hattenville, war sein Name.«

SW 2,285.

Der Beitrag *Unwahrscheinliche Wahrhaftigkeiten* in der Ausgabe vom 10. Januar 1811 verweist schon im Titel auf *Michael Kohlhaas* 101,20 f. und problematisiert am Schluss das auch in der Erzählung zur Debatte stehende Verhält-nis von Realismus und Fiktion in der Geschichtsschrei-bung einerseits und der Literatur andererseits:

»›Drei Geschichten‹, sagte ein alter Offizier in einer Ge-sellschaft, ›sind von der Art, daß ich ihnen zwar selbst vollkommenen Glauben beimesse, gleichwohl aber Gefahr liefe, für einen Windbeutel gehalten zu werden, wenn ich sie erzählen wollte. Denn die Leute fordern, als erste Be-dingung, von der Wahrheit, daß sie wahrscheinlich sei; und doch ist die Wahrscheinlichkeit, wie die Erfahrung lehrt, nicht immer auf Seiten der Wahrheit.‹
Erzählen Sie, riefen einige Mitglieder, erzählen Sie! –

denn man kannte den Offizier als einen heitern und schätzenswürdigen Mann, der sich der Lüge niemals schuldig machte.

Der Offizier sagte lachend, er wolle der Gesellschaft den Gefallen tun; erklärte aber noch einmal im voraus, daß er auf den Glauben derselben, in diesem besonderen Fall, keinen Anspruch mache.

Die Gesellschaft dagegen sagte ihm denselben im voraus zu; sie forderte ihn nur auf, zu reden, und horchte.

[...]

Dixi! sprach der Offizier, nahm Stock und Hut und ging weg.

Herr Hauptmann! riefen die andern lachend: Herr Hauptmann! – Sie wollten wenigstens die Quelle dieser abenteuerlichen Geschichte, die er für wahr ausgab, wissen.

Lassen Sie ihn, sprach ein Mitglied der Gesellschaft; die Geschichte steht in dem Anhang zu Schillers Geschichte vom Abfall der vereinigten Niederlande; und der Verfasser bemerkt ausdrücklich, daß ein Dichter von diesem Faktum keinen Gebrauch machen könne, der Geschichtschreiber aber, wegen der Unverwerflichkeit der Quellen und der Übereinstimmung der Zeugnisse, genötigt sei, dasselbe aufzunehmen.«

SW 2,277 f., 280 f.

2. Wirtschaft: Gewerbefreiheit

Vermutlich nicht von Kleist selbst, sondern von einem unbekannten Verfasser stammt ein Artikel über *Gewerbfreiheit* in den *Berliner Abendblättern* vom 3. Dezember 1810, der die wirtschaftspolitischen Kontexte der Erzählung, soweit sie Kleists eigene Zeit betreffen, beleuchtet. Kleist hat sich in seiner Königsberger Zeit selbst mit diesem Thema beschäftigt (vgl. Kap. I, Anm. zu 4,5 f.):

»So wie die Pflanze im freien heimischen Boden, lustiger, kräftiger, üppiger wächst, und sich vollendeter als im Treibhause entfaltet, so die Gewerbe, wenn man ihr Gedeihen ganz dem Wetteifer des Talents und des Fleißes überläßt.

Der Zeitgeist ist der Gartenkünstelei so wie der Staatskünstelei gleich ungünstig.

Durch diesen Wettstreit wird der natürliche Anspruch des Fleißes und des Talents gesichert. Das schlechte und mittelmäßige geht unter, so wie in einem dicht bestandenen Walde die kräftigsten Bäume über die anderen hervorwachsen, und Krüppel und Schwächlinge ersticken. Dieses ist das ewige Gesetz der Natur, nicht bloß bei Pflanzen und Gewerben, sondern · bei allem was ein thierisches oder Pflanzenleben hat. In dieses Gesetz durch Zwangsvorschriften eingreifen, heißt die Mittelmäßigkeit verewigen.

Das Publikum, welches der Gewerbe bedarf, wird sich bei diesem Wetteifer wahrscheinlich nicht übel befinden, und preiswürdigere Arbeit für wohlfeilere Preise erhalten, besonders wenn die reicheren Classen anfangen werden, sich mehr auf bürgerliche Gewerbe zu legen, und sie fabrikmäßiger zu betreiben.

Aber – abgesehen von den mannichfachen Vortheilen der Gewerbfreiheit, die man in Adam Smith, Kraus etc. nachlesen kann, ist deren Gewährung eine Handlung der Gerechtigkeit gleichsam eine *restitutio in integrum*, und ein bedeutender Schritt zur Wiedererlangung der Nationalität. Es ist ein natürliches Menschenrecht, auf beliebige Art seinen Unterhalt zu gewinnen. Das wesentliche des Bürgerrechts besteht gerade in der Berechtigung zum Betriebe städtischer Gewerbe, ohne weitere Einschränkung, als welche die auf öffentliche Sicherheit abzweckenden Polizei-Vorschriften festsetzen.

[...]

Das Gesetz ist das große innere Band einer Nation. Es

umschlingt dasselbe in weitern immer enger werdenden
Kreisen, die in einem lichten Punkte, in dem Monarchen
sich endigen. In einer religiösen Verehrung für dasselbe
muß jedes Mitglied der Gesellschaft mit dem Anderen
übereinstimmen, so verschieden auch sonst die Meinungen und Ansichten sein mögen. Wer diese Verehrung nicht
theilt, paßt in den Gesellschaftsbund nicht, und muß aus-
gestoßen werden. In dem festen und allgemeinen Willen,
dieses Gesetz aufrecht zu erhalten, oder mit ihm unterzu-
gehen, besteht die Nationalität oder die Vaterlandsliebe.
Also diese wird in einem solchen Staat am herrlichsten
gedeihen, wo die Freiheit der Mitglieder nicht weiter be-
schränkt ist, als es die Nothwendigkeit und die gleiche Berechtigung des anderen erfordert, und wo die Gesetze immer mehr den Stempel der Willkührlichkeit ablegen.
Ein solcher Staat wird allmählich seine Nachbarn an
Wohlstand und Kraft überragen, und diese Güter an sich
ziehen, so wie Freihäfen den Welthandel – wenn der Zu-
gang in ihnen frei ist.«

Berliner Abendblätter. Hrsg. von Heinrich von
Kleist. Nachwort und Quellenregister von Helmut
Sembdner. [Hinsichtl. des Textteils fotomech.
Nachdr. der von Georg Minde-Pouet im Verlag
Klinkhardt & Biermann, Leipzig, veranst. Faks.-
Ausg. von 1925.] Wiesbaden: VMA-Verlag, [um
1980]. S. 215–217.

3. Staatsphilosophie: Theorie des Gesellschaftsvertrags und Widerstandsrecht

Grundlegend für die Rechtstheorie der Aufklärung war
die Unterscheidung von natürlichem und positivem
Recht, die zur Idee des Gesellschaftsvertrags als Mythos
der Staatsgründung führte. Demnach hätten sich die Menschen darauf geeinigt, zum Zwecke friedlichen Zusam-
menlebens auf einen Teil ihrer angeborenen, natürlichen

Rechte zu verzichten und sie in einem Vertrag auf das Gemeinwesen zu übertragen. Aus diesem Staatsvertrag, mit dem das positive, bürgerliche Recht gesetzt ist, erwüchsen Rechte und Pflichten auf beiden Seiten, so auf der Seite des Staates beispielsweise als Recht das Gewaltmonopol und als Pflicht der Schutz der Bürger vor unrechtmäßigen Gewalttätigkeiten und Übergriffen anderer Bürger. Besondere Bedeutung wurde dabei in frühbürgerlicher Zeit dem Schutz des Eigentums beigemessen. Komme der Staat seinen Verpflichtungen nicht nach, so sei der Gesellschaftsvertrag hinfällig, und der Naturzustand trete wieder ein. Auf diese Anschauungen beruft sich Kohlhaas in der Erzählung im Gespräch mit Luther.

Die Theorie vom Gesellschaftsvertrag wurde, was die anthropologischen Grundannahmen betrifft, in einer optimistischen und einer pessimistischen Variante entworfen. Für die ältere, pessimistische Variante steht THOMAS HOBBES (1588–1679) mit seinem staatsphilosophischen Klassiker *Leviathan or the Matter, Form and Authority of Government* (1651; dt. 1794/95). Die jüngere, optimistische Variante wurde vertreten von JEAN JACQUES ROUSSEAU (1712–76) in seiner Schrift *Contrat social* (1762). Kleist kam mit der Naturrechtslehre bereits während seines kurzen juristischen Studiums 1799 in Frankfurt an der Oder durch seinen Lehrer LUDWIG GOTTFRIED MADIHN (1748–1834) in Berührung.[1] Die Vorstellung einer Kündigung des Gesellschaftsvertrags führte zu der Frage nach den Konsequenzen, die in Preußen am Ende des 18. Jahrhunderts besonders lebhaft diskutiert wurde. Das theoretisch eingeräumte Recht auf Widerstand kollidierte mit der Pflicht zum bürgerlichen Gehorsam, an dem die meisten Autoren aus Furcht vor unabsehbaren Folgen prinzipiell festhielten. Die Klassiker Hobbes und Rousseau blie-

---

1 Vgl. Ludwig Gottfried Madihn, *Grundsätze des Naturrechts zum Gebrauch seiner Vorlesungen*, Tl. 1: *Absolutes Naturrecht* [1789], Tl. 2: *Hypothetisches Naturrecht*, Frankfurt a. d. Oder: Kunze, 1796.

ben in der Frage des Widerstandsrechts vage. HOBBES
etwa erklärt im 21. Abschnitt des *Leviathan*, der Ober-
herr habe das Recht über Leben und Tod, solange die Bürger Mitglied des Staates seien. Unrecht könne er nur vor
Gott, nicht gegen die Bürger begehen.[2] Andererseits könne die »Verpflichtung der Bürger gegen den Oberherrn
[...] nur so lange dauern, als derselbe im Stande ist, die
Bürger zu schützen«.[3] Der Jurist PAUL JOHANN ANSELM
FEUERBACH (1775–1833), der Begründer der neuen deutschen Strafrechtswissenschaft, unterscheidet in seinem
Anti-Hobbes (1797) auf der Seite des Herrschers zwischen
dem Regenten als Privatperson und seiner Funktion als
Herrscher sowie auf der Seite der Untertanen zwischen
›negativem‹ und ›positivem‹ Zwang, also passivem und ak-
tivem Widerstand. Positiver Zwang sei ungerecht, weil
sich der Untertan damit selbst zum Regenten mache.[4] Bei
einem Beispiel für erlaubten Widerstand gegen den Regenten als Privatperson findet sich bei Feuerbach die auch
von Kleist verwendete Namensform »Christiern«: »die
Schweden, welche sich der Herrschaft eines *Christiern*
entzogen, der nach dem Versprechen vollkommner
Amnestie, die Edelsten der Nation im Stockholmer Blud-
bade abschlachten liess [...] waren keine Rebellen, keine
Beleidiger der Majestät und der höchsten Gewalt. Sie waren ein beleidigtes und gekränktes Volk, das auf dem ver-
heerenden Wege der Gewalt die Gerechtigkeit suchte, die
es auf dem Wege der Güte nicht erhalten konnte.«[5] Möglicherweise kannte also Kleist den *Anti-Hobbes*, zumal
Feuerbach in Hainichen geboren ist, einem Ort, der auch

---

2 Vgl. Thomas Hobbes, *Leviathan, oder der kirchliche und bürgerliche Staat*,
  2 Bde., Halle: Joh. Christ. Hendel, 1794/95, S. 204.
3 Ebd., S. 211.
4 Vgl. Paul Johann Anselm Feuerbach, *Anti-Hobbes oder über die Grenzen
  der höchsten Gewalt und das Zwangsrecht der Bürger gegen den Oberherrn*, Gießen: Müllersche Buchhandlung, 1797; reprogr. Nachdr. Darmstadt: Wiss. Buchges., 1967, S. 295.
5 Ebd., S. 280.

in *Michael Kohlhaas* vorkommt, und es auch in Feuer-
bachs Beispiel um einen Amnestiebruch geht.
Noch konkretere Maßstäbe, um Kohlhaases Taten im Zusammenhang nicht nur des mittelalterlichen Fehderechts,
sondern auch des aufklärerischen Rechtsdiskurses zu beurteilen, stellt Ludwig Heinrich Jakob (1759–1827) in
seiner Schrift *Antimachiavel, oder über die Grenzen des
bürgerlichen Gehorsams* (zuerst anonym 1794) bereit (vgl.
Rückert, 1988/89, S. 396–400). Vor allen theoretischen
Überlegungen wendet sich Jakob in der Vorrede dem sehr
konkreten Problem zu, dass Widerstand im Einzelfall weniger von organisierten Institutionen des Staates ausgeübt
werde als vielmehr von ungeordneten »Haufen«:

»Zerstört nun der die Rechte, welcher die Verbindlichkeit
und das Recht hat, sie zu schützen; so kann ich unmöglich
von ihm Schutz erwarten; also fällt die Verbindlichkeit, sie
zu schützen, auf mich zurück. Sind organische Staats-
Kräfte, Stände, Collegien, Municipalitäten, u.s.w. da, welche dieses thun können; so erreiche ich meinen Zweck si-
cherer; ich kann gewisser seyn, daß hier alles nach einer
Regel gehen, daß man nicht leicht größere Gewalt brauchen wird, als nöthig ist; sind aber keine solche wohlge-
ordnete Staats-Organe da; warum sollte sich der, welcher
Recht hat, nicht *taliter qualiter* dergleichen zusammenset-
zen können? Ein zusammengelaufener Haufen ist freylich
ein schlecht organisirtes Wesen; ich wäre ein Thor, wenn
ich ihn wählen wollte, mein Recht zu vertheidigen, wenn
irgend ein besseres Mittel da ist; ich wäre straffällig, wenn
ich ihn wählte, wo mir zweckmäßige Rechtsmittel angewiesen sind, da ich wissen muß, daß ein tumultuarischer
Haufen nicht leicht in den gehörigen Schranken zu halten
ist, und ich mich also für den Urheber der von ihm begangenen Ausschweifungen erkennen muß. Aber wenn nichts
anders da ist, so suche ich nur den ganzen Haufen in Ordnung zu bringen. Wenn ich ihn von Ausschweifungen ab-

halte, wenn ich durch ihn weiter nichts thue, als was zur Erhaltung meines Rechts nothwendig ist; so verwandelt das mein Recht nicht in Unrecht, daß mir ein verworrener Haufen dazu verholfen hat.«

[Ludwig Heinrich Jakob:] Antimachiavel, oder über die Grenzen des bürgerlichen Gehorsams. Auf Veranlassung zweier Aufsätze in der Berl. Monatsschrift (Sept. und Dec. 1793) von den Herren Kant und Genz. Halle: Rengersche Buchhandlung, 1794. S. XVIII–XX.

Die Folgen des Aufruhrs sind nach Jakob nicht den Rebellen, sondern dem ungerechten Herrscher zur Last zu legen:

»Und wenn nun auch aus der unklugen Ausübung seines Rechts eine Menge unglücklicher Folgen und zuletzt auch das Unrecht hervorgehet; wer hat sich alsdenn die mehreste Schuld zuzuschreiben? Der, welcher sein Recht verfolgte, oder der, welcher durch Verletzung des Rechts zu jenen Auftritten die Veranlassung gab? Wehe dem Lande, wo der Pöbel Gerechtigkeit ausüben soll: aber Fluch über die, welche ihre Bedrückungen so weit treiben, daß man nirgends, als bey dem Pöbel, Schutz gegen Unrecht finden kann!«

Ebd., S. 80.

Die Rechtmäßigkeit von Widerstand und Gegenwehr folgt für Jakob dem Grundsatz der Verhältnismäßigkeit:

»Den Grad der rechtmäßigen Gegenwehr bestimmt folgende Regel: ›Jedermann hat ein äußerlich vollkommenes Recht, die Verletzung gleichartiger Zwecke, welche in ihm widerrechtlich verletzt werden, zum Zwangsmittel gegen den zu gebrauchen, welcher sie verletzt.‹ [...]
Um also den Grad des Widerstandes und der rechtmäßigen Gegengewalt zu bestimmen, giebt es kein Mittel, als die moralische Wichtigkeit der Rechte ihrer Materie nach.

Die obige Regel erhält in dieser Rücksicht folgende Bestimmung: ›So wichtig die Rechte und Zwecke sind, welche dein Feind in dir widerrechtlich verletzt, so wichtige Rechte und Zwecke darfst du auch in ihm verletzen, um ihn zu zwingen, daß er dich nicht beleidige; aber die Verletzung eines wichtigern Zweckes oder eines wichtigern Rechts als Zwangsmittel gegen einen widerrechtlichen Angriff zu gebrauchen, ist durch die Vernunft verboten.‹«

Ebd., S. 113 f., 116.

Diametral entgegengesetzte staatsphilosophische Auffassungen vertrat der altständisch-konservative Publizist ADAM MÜLLER (1779–1829), eine dem romantischen Katholizismus zuzurechnende schillernde Figur im Gesellschaftsleben Dresdens, danach Berlins, schließlich in österreichischen Diensten in Wien. In Dresden gaben Kleist und Müller 1808 gemeinsam die Zeitschrift *Phöbus* heraus, in der der erste Teil des *Michael Kohlhaas* erstmals veröffentlicht wurde. Kleist hörte die politisch-ökonomischen Vorlesungen, die Müller im Winter 1808/09 in Dresden hielt und die 1809 in Berlin unter dem Titel *Elemente der Staatskunst* erschienen. In der zweiten Vorlesung, gehalten am 22. November 1808, lehnt Müller die Theorie vom Staatsvertrag und damit auch ein Widerstandsrecht des Bürgers gegen den Staat kategorisch ab. Die Schwierigkeiten der *Kohlhaas*-Interpretation fußen nicht zuletzt auf der Unvereinbarkeit der Theorien, die zum diskursiven Kontext der Erzählung gehören:

»Treffen nicht […] alle unglücklichen Irrthümer der Französischen Revolution in dem Wahne überein, der Einzelne könne wirklich heraustreten aus der gesellschaftlichen Verbindung, und von außen umwerfen und zerstören, was ihm nicht anstehe; der Einzelne könne gegen das Werk der Jahrtausende protestiren; er brauche von allen Instituten, die er vorfinde, nichts anzuerkennen; kurz, es sey wirklich eine

Stelle außerhalb des Staates da, auf die sich jeder hin begeben, und wo er dem großen Staatskörper neue Bahnen vorzeichnen, aus dem alten Körper einen ganz neuen machen, und dem Staate, anstatt der alten unvollkommenen, aber erprüften Constitution, eine neue, wenigstens für die nächsten vierzehn Tage vollkommene, vorzeichnen könne? –

[…]

So wie jedes Geschöpf der Natur in der Mitte der Natur zu stehen meint; wie jede Creatur, wenn sie die Wahrheit gestehen will, sich einbildet, die ganze Welt bewege sich um sie her; wie keine Seele außer der Natur, oder auf ihrer untersten Stufe zu stehen glaubt; wie kein Wurm schlecht von sich denkt: – so steht jeder Mensch in der Mitte des bürgerlichen Lebens, von allen Seiten in den Staat verflochten, da; und so wenig er aus sich selbst heraustreten kann, eben so wenig aus dem Staate.

[…]

Endlich […] ist der Staat nicht eine bloß künstliche Veranstaltung, nicht eine von den tausend Erfindungen zum Nutzen und Vergnügen des bürgerlichen Lebens, sondern er ist das Ganze dieses bürgerlichen Lebens selbst, nothwendig sobald es nur Menschen gibt, unvermeidlich, – in der Natur des Menschen begründet, würde ich sagen, wenn nicht, aus allen richtigen Gesichtspuncten betrachtet, menschliche Existenz und bürgerliche eins und dasselbe wären, und wenn ich also mit jenen Worten nicht etwas sehr Ueberflüßiges sagen würde.

[…]

Lassen Sie uns diese […] Wahrheiten noch inniger und kräftiger zusammenfassen in eine einzige, und diese so ausdrücken: der Mensch ist nicht zu denken außerhalb des Staates.«

Adam H. Müller: Die Elemente der Staatskunst. Mit einer Einführung, erklärenden Anmerkungen und bisher ungedruckten Originaldokumenten versehen von Dr. Jakob Baxa. Jena: Gustav Fischer, 1922. 1. Halbband. S. 26, 28 f.

4. Literarische »Seelenkunde«: Friedrich Schiller

Dass Kleist in vielen seiner Werke eine intensive Ausein-
andersetzung mit Friedrich Schiller, einem seiner wichtigsten literarischen Lehrmeister, führte, wurde von der
Forschung bislang vor allem für die Dramen nachgewie-
sen. In *Michael Kohlhaas* indes sind kontrafaktische inter-
textuelle Bezüge insbesondere zu Schillers Erzählung *Der
Verbrecher aus verlorener Ehre* (1786/92) zu erkennen
(vgl. Kap. I, Anm. zu 3,13–15, 18,22 f., 27,18 f., 106,9–12).
Über einzelne Textstellen hinaus ist es denkbar, dass die
Konzeption von Kleists Erzählung in kritischer Auseinan-
dersetzung mit der Einleitung von Schillers Text entstanden ist: Während die der Tradition der Aufklärung ent-
stammende Methode literarischer »Seelenkunde«, Schillers
erzählerische Psychologie, nach den Motiven und Antrie-
ben des Verbrechens fragt und dabei den analytischen
Blick auch auf den gesellschaftlichen Kontext richtet, lau-
fen alle Erklärungen und Motivationen bei Kleist immer
wieder gezielt ins Leere, sodass die Unerklärlichkeit des
Geschehens betont wird. Bei Schiller ist der verstehende
Nachvollzug bei der Lektüre das Ziel, bei Kleist verstärkt
die Ursachenforschung die Rätselhaftigkeit, anstatt sie
aufzulösen:

»In der ganzen Geschichte des Menschen ist kein Kapitel
unterrichtender für Herz und Geist als die Annalen seiner
Verirrungen. Bei jedem großen Verbrechen war eine verhältnismäßig große Kraft in Bewegung. Wenn sich das geheime Spiel der Begehrungskraft bei dem matteren Licht
gewöhnlicher Affekte versteckt, so wird es im Zustand ge-
waltsamer Leidenschaft desto hervorspringender, kolos-
salischer, lauter; der feinere Menschenforscher, welcher
weiß, wie viel man auf die Mechanik der gewöhnlichen
Willensfreiheit eigentlich rechnen darf und wie weit es er-
laubt ist, analogisch zu schließen, wird manche Erfahrung

aus diesem Gebiete in seine Seelenlehre herübertragen und
für das sittliche Leben verarbeiten.

Es ist etwas so Einförmiges und doch wieder so Zu-
sammengesetztes, das menschliche Herz. Eine und eben
dieselbe Fertigkeit oder Begierde kann in tausenderlei
Formen und Richtungen spielen, kann tausend widerspre-
chende Phänomene bewirken, kann in tausend Charakte-
ren anders gemischt erscheinen, und tausend ungleiche
Charaktere und Handlungen können wieder aus einerlei
Neigung gesponnen sein, wenn auch der Mensch, von
welchem die Rede ist, nichts weniger denn eine solche
Verwandtschaft ahndet. Stünde einmal, wie für die übrigen Reiche der Natur, auch für das Menschengeschlecht
ein Linnäus auf, welcher nach Trieben und Neigungen
klassifizierte, wie sehr würde man erstaunen, wenn man
so manchen, dessen Laster in einer engen bürgerlichen
Sphäre und in der schmalen Umzäunung der Gesetze jetzt
ersticken muß, mit dem Ungeheuer Borgia in *einer* Ordnung beisammen fände.

Von dieser Seite betrachtet, läßt sich manches gegen die
gewöhnliche Behandlung der Geschichte einwenden, und
hier, vermute ich, liegt auch die Schwierigkeit, warum das
Studium derselben für das bürgerliche Leben noch immer
so fruchtlos geblieben. Zwischen der heftigen Gemütsbe-
wegung des handelnden Menschen und der ruhigen Stim-
mung des Lesers, welchem diese Handlung vorgelegt
wird, herrscht ein so widriger Kontrast, liegt ein so breiter
Zwischenraum, daß es dem letztern schwer, ja unmöglich
wird, einen Zusammenhang nur zu ahnden. Es bleibt eine
Lücke zwischen dem historischen Subjekt und dem Leser,
die alle Möglichkeit einer Vergleichung oder Anwendung
abschneidet und statt jenes heilsamen Schreckens, der die
stolze Gesundheit warnt, ein Kopfschütteln der Befrem-
dung erweckt. Wir sehen den Unglücklichen, der doch in
eben der Stunde, wo er die Tat beging, so wie in der, wo er
dafür büßet, Mensch war wie wir, für ein Geschöpf frem-

der Gattung an, dessen Blut anders umläuft als das unsrige, dessen Wille andern Regeln gehorcht als der unsrige;
seine Schicksale rühren uns wenig, denn Rührung gründet
sich ja nur auf ein dunkles Bewußtsein ähnlicher Gefahr,
und wir sind weit entfernt, eine solche Ähnlichkeit auch
nur zu träumen. Die Belehrung geht mit der Beziehung
verloren, und die Geschichte, anstatt eine Schule der Bil-
dung zu sein, muß sich mit einem armseligen Verdienste
um unsre Neugier begnügen. Soll sie uns mehr sein und
ihren großen Endzweck erreichen, so muß sie notwendig
unter diesen beiden Methoden wählen – Entweder der Leser muß warm werden wie der Held, oder der Held wie
der Leser erkalten.
Ich weiß, daß von den besten Geschichtschreibern neuerer
Zeit und des Altertums manche sich an die erste Methode
gehalten und das Herz ihres Lesers durch hinreißenden
Vortrag bestochen haben. Aber diese Manier ist eine
Usurpation des Schriftstellers und beleidigt die republika-
nische Freiheit des lesenden Publikums, dem es zukömmt,
selbst zu Gericht zu sitzen; sie ist zugleich eine Verletzung
der Grenzengerechtigkeit, denn diese Methode gehört
ausschließend und eigentümlich dem Redner und Dichter.
Dem Geschichtschreiber bleibt nur die letztere übrig.
Der Held muß kalt werden wie der Leser, oder, was hier
ebensoviel sagt, wir müssen mit ihm bekannt werden, eh
er handelt, wir müssen ihn seine Handlung nicht bloß
vollbringen, sondern auch wollen sehen. An seinen Gedanken liegt uns unendlich mehr als an seinen Taten, und
noch weit mehr an den Quellen seiner Gedanken als an
den Folgen jener Taten. Man hat das Erdreich des Vesuvs
untersucht, sich die Entstehung seines Brandes zu erklären; warum schenkt man einer moralischen Erscheinung
weniger Aufmerksamkeit als einer physischen? Warum
achtet man nicht in eben dem Grade auf die Beschaffen-
heit und Stellung der Dinge, welche einen solchen Menschen umgaben, bis der gesammelte Zunder in seinem In-

wendigen Feuer fing? Den Träumer, der das Wunderbare
liebt, reizt eben das Seltsame und Abenteuerliche einer
solchen Erscheinung; der Freund der Wahrheit sucht eine
Mutter zu diesen verlorenen Kindern. Er sucht sie in der
unveränderlichen Struktur der menschlichen Seele und in
den veränderlichen Bedingungen, welche sie von außen
bestimmten, und in diesen beiden findet er sie gewiß. Ihn
überrascht es nun nicht mehr, in dem nämlichen Beete, wo
sonst überall heilsame Kräuter blühen, auch den giftigen
Schierling gedeihen zu sehen, Weisheit und Torheit, Laster
und Tugend in *einer* Wiege beisammen zu finden.
Wenn ich auch keinen der Vorteile hier in Anschlag brin-
ge, welche die Seelenkunde aus einer solchen Behand-
lungsart der Geschichte zieht, so behält sie schon allein
darum den Vorzug, weil sie den grausamen Hohn und die
stolze Sicherheit ausrottet, womit gemeiniglich die unge-
prüfte aufrechtstehende Tugend auf die gefallne herunter-
blickt, weil sie den sanften Geist der Duldung verbreitet,
ohne welchen kein Flüchtling zurückkehrt, keine Aussöh-
nung des Gesetzes mit seinem Beleidiger stattfindet, kein
angestecktes Glied der Gesellschaft von dem gänzlichen
Brande gerettet wird.
Ob der Verbrecher, von dem ich jetzt sprechen werde,
auch noch ein Recht gehabt hätte, an jenen Geist der Duldung zu appellieren? ob er wirklich ohne Rettung für den
Körper des Staats verloren war? – Ich will dem Ausspruch
des Lesers nicht vorgreifen. Unsre Gelindigkeit fruchtet
ihm nichts mehr, denn er starb durch des Henkers Hand –
aber die Leichenöffnung seines Lasters unterrichtet vielleicht die Menschheit und – es ist möglich, auch die Gerechtigkeit.«

Friedrich Schiller: Sämtliche Werke. Auf Grund der
Originaldrucke hrsg. von Gerhard Fricke und Her-
bert G. Göpfert. Bd. 5. München: Hanser, ³1962.
S. 13–15.

IV. Dokumente zur Rezeptionsgeschichte

1. Das 19. Jahrhundert

Im Kreise der Romantiker wurden die Erzählungen Kleists mit großem Interesse aufgenommen und lebhaft diskutiert. Bereits zu diesem frühen Zeitpunkt wird jedoch der vermeintliche Realismus des *Michael Kohlhaas* hervorgehoben, um Unwahrscheinlichkeiten und Fiktionen abzuwerten. Diese Gleichzeitigkeit von Würdigung und Kritik war in einem der wichtigsten frühen Rezeptionszeugnisse, in LUDWIG TIECKS (1773–1853) Einleitung zu seiner Ausgabe von *Heinrich von Kleists gesammelten Schriften* (1826), besonders ausgeprägt:

»Die erste von diesen, ›Michael Kohlhaas‹, ist ohne Zweifel die merkwürdigste, und wenn man sieht, mit welcher Festigkeit die Gestalten gezeichnet, wie richtig und wahr ein Ergebniß und ein Gefühl sich aus dem andern nothwendig entwickelt, wie sicher der Erzähler Schritt vor Schritt fortgeht, so wird man fast versucht, zu glauben, daß diese Art der Darstellung dem Verfasser noch mehr zusage, und daß er hier sein Talent noch glänzender entfalten könne, als im Drama. Wir sehen hier wieder, wie in der Form eines Prozesses, das Unglück und die Schuld eines merkwürdigen Mannes vor unsern Augen entfaltet; wenige Darsteller verstehen es so, wie Kleist, unser Herz bis auf den tiefsten Grund zu erschüttern, und eben dadurch, weil er so geflissentlich und mit Bewußtsein der weichlichen Sentimentalität aus dem Wege geht. [...] Es ist nicht nöthig, auf die meisterhafte Hand aufmerksam zu machen, die uns vom Prinzen und Luther bis zum geringsten Knecht alles so lebendig vor das Auge führt, als wenn wir die Dinge selbst erlebt hätten.
Der Erzähler ist von der wirklichen Geschichte, sei es ge-

flissentlich, sei es aus Unkenntniß, merklich abgewichen.
Dies ist nicht so sehr zu tadeln, da sein Zweck und die
musterhafte Frische der Farben dies rechtfertigen können,
als daß er zugleich in einer nicht so gar fern liegenden Begebenheit die nothwendige Umgebung, die der Leser
nicht vergessen kann, zu sehr verletzt hat. Er vergißt, daß
Wittenberg und nicht Dresden die Residenz der sächsischen Kurfürsten war; Dresden schildert er uns ganz nach
seiner jetzigen Gestalt, da die Altstadt damals so gut wie
nicht existirte, und was soll man zu dem Kurfürsten selber
sagen, [...] der uns als ein romantischer, verliebter und
seltsamer Phantast aufgeführt wird, da es doch nur Friedrich der Weise oder der Standhafte sein können, die in den
Umfang dieser Erzählung passen? Durch diese Ueberei-
lung (vorsätzlicher Plan und bewußte Absicht ist es gewiß
nicht) verliert diese treffliche Erzählung ihr eigentliches
Kostüm, ihre Sitte und Umgebung, die sie noch weit mehr
hervorheben würden, wenn der Dichter sich die Zeit genommen hätte, sich etwas genauer in jene Jahre zurückzu-
versetzen.

Dieser Mangel an wahrer Lokalität hat noch die Folge,
daß der Dichter, nachdem er uns durch Wahrheit und Natur so lange angezogen hat, [...] uns noch auf 30 Seiten
durch eine phantastische Traumwelt führt, die sich mit der
vorigen, die wir durch ihn so genau haben kennen lernen,
gar nicht vereinbaren will. Diese wunderbare Zigeunerin,
die nachher die verstorbene Gattin des Kohlhaas ist, dieser
geheimnißvolle Zettel, diese gespenstischen Gestalten, der
kranke, halbwahnsinnige, am Ende in Verkleidung auftre-
tende Kurfürst, alle diese schwachen, zum Theil charak-
terlosen Schilderungen, die dennoch mit der Anmaßung
auftreten, daß sie höher, als die vorher gezeichnete wirkli-
che Welt wollen gehalten werden, daß sie uns ihr geheim-
nißreiches Wesen, das sich in wenig genug auflöst, so
theuer wie möglich verkaufen wollen, diese grauenvolle
Achtung, die der Verfasser plötzlich selber vor den Ge-

schöpfen seiner Phantasie empfindet, alles dies erinnert an so manches schwache Produkt unserer Tage und an die gewohnten Bedürfnisse der Lesewelt, daß wir uns nicht ohne eine gewisse Wehmuth davon überzeugen, daß selbst so hervorragende Autoren, wie Kleist (der sonst nichts mit diesen Krankheiten des Tages gemein hat), dennoch der Zeit, die sie hervorgerufen hat, ihren Tribut abtragen müssen.«

Ludwig Tieck: Kritische Schriften. Bd. 2. Leipzig: F. A. Brockhaus, 1848. S. 44–46.

Während bei den Romantikern das positive Urteil überwog, lehnte JOHANN WOLFGANG GOETHE (1749–1832) den *Kohlhaas* als undichterisch ab. Johannes Falk überliefert in seinem Werk *Goethe aus näherm persönlichem Umgange dargestellt* (1832) eine undatierte Gesprächsäußerung:

»Einst [Ende 1810?] kam das Gespräch auf Kleist und dessen ›*Käthchen von Heilbronn*‹. Goethe tadelte an ihm die nordische Schärfe des Hypochonders; es sei einem gereiften Verstande unmöglich, in die Gewaltsamkeit solcher Motive, wie er sich ihrer als Dichter bediene, mit Vergnügen einzugehen. Auch in seinem ›Kohlhaas‹, artig erzählt und geistreich zusammengestellt, wie er sei, komme doch alles gar zu ungefüg. Es gehöre ein großer Geist des Widerspruches dazu, um einen so einzelnen Fall mit so durchgeführter, gründlicher Hypochondrie im Weltlaufe geltend zu machen. Es gebe ein Unschönes in der Natur, ein Beängstigendes, mit dem sich die Dichtkunst bei noch so kunstreicher Behandlung weder befassen, noch aussöhnen könne.«

Goethes Gespräche. Eine Sammlung zeitgenössischer Berichte aus seinem Umgang. Auf Grund der Ausgabe und des Nachlasses von Flodoard Freiherrn von Biedermann erg. und hrsg. von Wolfgang Herwig. Bd. 2: 1805–1817. Zürich/Stuttgart: Artemis, 1969. Nr. 3338.

FRIEDRICH HEBBEL (1813–63), der bedeutendste deutsch-
sprachige Dramatiker in der Mitte des 19. Jahrhunderts,
antwortet auf Goethes Einwand in seinem Tagebuch vom
Mai 1837:

»*Mai 1837.* Goethe sagt mit Bezug auf den Michel Kohlhaas, solche Fälle müsse man nicht im Weltlauf geltend
machen. Das ist wahr, insofern man daraus keine Schlüsse
zum Nachteil des Allgemeinen ziehen darf. Doch scheint
mir, der Dichter muß eben auf Ausnahmen der Art seine
Aufmerksamkeit richten, um zu zeigen, daß sie so gut
aus dem Menschlichsten entspringen, wie die Dutzend-
exempel.«

Heinrich von Kleists Nachruhm. Eine Wirkungsgeschichte in Dokumenten. Hrsg. von Helmut
Sembdner. 4., erw. Neuaufl. München/Wien: Hanser,
1996. Nr. 295. [Im Folgenden zit. als: Nachruhm.].

Die chronikalische Fiktion der Erzählung wirkte in der
Mitte des 19. Jahrhunderts so realistisch, dass in *Meyers
Conversations-Lexicon* 1851, ebenso wie zwei Jahre später
im *Brockhaus*, der Inhalt von Kleists Erzählung als histo-
rische Realität dargeboten und Kleists Figur an Stelle des
Hans Kohlhase zur historischen Person wurde:

»**Kohlhaas**, Michael, ein Roßkamm aus der Altmark, geboren 1521, welcher, da ihm kein Recht ward gegen ungerechte Behandlung, sich solches selbst verschaffte, freilich
aber auch dann die Grenzen des Rechts überschritt. Einst
war er mit seinen Pferden auf der Reise nach der leipziger
Messe begriffen, als er von den Leuten des Junkers Tronka
wegen Mangels an Ausweis aufgehalten, nach der Tronka-
burg geschafft und daselbst durch den Junker und dessen
Genossen ohne alles Gehör genöthigt wurde, zwei seiner
schönsten Pferde nebst einem Knechte zurück zu lassen.
[...]

Bekanntlich hat H. von Kleist diesen Stoff in einer seiner besten Erzählungen, ›Kohlhaas‹, behandelt.«

Das große Conversations-Lexicon für die gebildeten
Stände. In Verb. mit Staatsmännern, Gelehrten,
Künstlern und Technikern hrsg. von J. Meyer.
Bd. 18. Hildburghausen / Amsterdam / Paris / Phi-
ladelphia: Bibliographisches Institut, 1851. S. 552.

Einwände wurden von Seiten der als wissenschaftliche
Disziplin noch jungen Literaturgeschichtsschreibung, die
sich überwiegend an der Norm klassischer Harmonie in
Form und Inhalt orientierte, gegen Kleists Stil erhoben, so
beispielsweise von Heinrich Kurz (1805–73) in seiner
Geschichte der deutschen Literatur:

»Am tadelnswerthesten ist aber der Styl, der durch und
durch, in Ausdruck und Satzbildung incorrect ist und den
vollständigsten Mangel an Sinn für Wohlklang und rhyth-
mische Bewegung beurkundet; es ist in diesen Erzählungen kaum ein Satz zu finden, an dem man nicht mehrere
Fehler nicht nur gegen die Schönheit, sondern auch gegen
die Richtigkeit der Darstellung nachweisen könnte, so daß
wir nicht begreifen können, wie ein neuerer Geschichtschreiber der deutschen Literatur diesen Styl als besonders
trefflich bezeichnen konnte. Wir sind überzeugt, daß,
wenn das Gefühl für Schönheit der Darstellung und
Sprachrichtigkeit unter uns nicht in so bedauerlicher Weise getrübt wäre, Kleists Erzählungen nie gelesen, viel weniger gelobt worden wären, selbst nicht die beste darunter
›Michael Kohlhas‹, so interessant sie auch dem Stoffe nach
ist und so lebendig sie uns die erbärmlichen Zustände des
deutschen Volks bald nach der Reformation darstellt.«

Heinrich Kurz: Geschichte der deutschen Literatur
mit ausgewählten Stücken aus den Werken der vor-
züglichsten Schriftsteller. Bd. 3. Leipzig: B. G. Teub-
ner, ³1861. S. 522.

Dem seinerzeit berühmten österreichischen Juristen RU-
DOLF VON IHERING (1818–92) diente *Michael Kohlhaas* als
Exempel für seine These vom *Kampf um's Recht* (1872).
Nach Ihering entsteht Recht durch Kampf gegen Unrecht,
das durch Machtinteressen verfestigt ist. So verjünge sich
das Recht in einem stetigen Prozess der Auseinandersetz-
zung zwischen Naturrecht (»Urrecht«) und historischem
Recht. Dieser Kampf werde im *Kohlhaas* an seinem geringsten Beispiel, dem Privatrecht, veranschaulicht. Dabei
sei jedoch das Eigentum die »sachlich erweiterte Periphe-
rie« der Person (S. 44), sodass der »Kampf um's Recht«
sowohl zur »Pflicht des Berechtigten gegen sich selbst«
(S. 27) als auch gegen das Gemeinwesen (S. 51) werde und
das individuelle Rechtsgefühl die staatliche Autorität ga-
rantiere. Noch heutige juristisch interessierte Lektüren
beziehen sich zustimmend oder ablehnend auf Iherings
Deutung von Kohlhaas als Märtyrer des ›Rechtgefühls‹:

»Nachdem alle Mittel, zu seinem in schnödester Weise
missachteten Rechte zu gelangen, erschöpft sind, nachdem
ein Act sündhafter Cabinetsjustiz ihm den Rechtsweg verschlossen, und die Gerechtigkeit bis zu ihrem höchsten
Repräsentanten, dem Landesherrn hinauf sich offen auf
die Seite des Unrechts gestellt hat, da übermannt ihn das
Gefühl unendlichen Wehes über den Frevel, den man mit
ihm getrieben […]. Er reisst der feilen Gerechtigkeit das
besudelte Schwert aus der Hand und schwingt es in einer
Weise, dass Furcht und Entsetzen sich weit im Lande ver-
breiten, das morsche Staatswesen in seinen Fugen erbebt,
und der Fürst auf dem Thron erzittert. Aber es ist nicht
das wilde Gefühl der Rache, das ihn beseelt, […] sondern
es ist eine sittliche Idee, die ihn treibt, die Idee, ›er sei mit
seinen Kräften der Welt in der P f l i c h t verfallen, sich
Genugthuung für die erlittene Kränkung und seinen Mit-
bürgern Sicherheit gegen zukünftige zu verschaffen‹ […].
Ihr opfert er Alles, das Glück seiner Familie, seinen ge-

achteten Namen, Gut und Habe, Leib und Leben, und er
führt keinen ziellosen Vernichtungskrieg, sondern er richtet denselben nur gegen den Schuldigen und alle Diejenigen, welche sich seiner annehmen. Und als ihm die Aussicht wird, zu seinem Recht zu kommen, legt er freiwillig
die Waffen aus der Hand; aber als ob der Mann einmal
ausersehen wäre, an seinem Beispiele zu zeigen, bis wie
weit die Schmach der Recht- und Ehrlosigkeit damaliger
Zeit sich zu versteigen wagte, so brach man ihm das freie
Geleit und die Amnestie, und er endete sein Leben auf
dem Richtplatz. Aber sein Recht wird ihm noch zuletzt,
und dieser Gedanke, dass er nicht umsonst gestritten, dass
er das Recht wieder zu Ehren gebracht, dass er seine Stellung und Würde als Mensch erhalten, erhebt sein Herz
über die Schrecknisse des Todes; versöhnt mit sich, der
Welt und Gott folgt er willig und gefasst dem Henker.
Welche Betrachtungen knüpfen sich an diesen Fall! Ein
Mann, rechtschaffen, streng rechtlich, voller Liebe für seine Familie, von kindlich frommem Sinn wird zu einem
Attila, der mit Feuer und Schwert die Orte vernichtet, in
die sein Gegner sich geflüchtet hat. Und wodurch wird er
es? Gerade durch die Eigenschaft, die ihn sittlich so hoch
über alle seine Gegner stellt, die ihn in die Hand des Henkers liefern: durch seine hohe Achtung vor dem Recht,
seinen Glauben an die Heiligkeit desselben, die Thatkraft
seines ächten, gesunden Rechtsgefühls. Und gerade darauf
beruht die tief erschütternde Tragik seines Schicksals, dass
eben das, was den Vorzug und den Adel seiner Natur aus-
macht: der ideale Schwung seines Rechtsgefühls, seine heroische, Alles vergessende und Alles opfernde Dahingabe
an die Idee des Rechts im Contact mit der elenden damali-
gen Welt, dem Übermuth der Grossen und Mächtigen und
der Pflichtvergessenheit und Feigheit der Richter zu seinem Verderben ausschlägt. Aber was er verbrach, fällt mit
verdoppelter und verdreifachter Wucht auf Diejenigen zurück, die ihn gewaltsam aus der Bahn des Rechts in die

der Gesetzlosigkeit drängten. Denn kein Unrecht, das der Mensch zu erdulden hat, und wiege es noch so schwer, reicht von Weitem an das heran – wenigstens für das unbefangene sittliche Gefühl –, welches die von Gott gesetzte Obrigkeit verübt, indem sie selber das Recht bricht. Das ist die wahre Todsünde des Rechts, der Verrath des Rechts an sich selber – im alten Rom traf den bestochenen Richter Todesstrafe – und es gibt keinen vernichtenderen Ankläger gegen sie als die dunkle, vorwurfsvolle Gestalt des Verbrechers aus verletztem Rechtsgefühl – es ist ihr eigener blutiger Schatten. Das Opfer einer käuflichen oder partheiischen Justiz wird fast gewaltsam aus der Bahn des Rechts herausgestossen, wird Rächer und Vollstrecker seines Rechts auf eigene Hand und nur zu oft Feind der Gesellschaft, Räuber, Mörder, oder, wen seine edle, sittliche Natur gegen diese Gefahr schützt, wie Michael Kohlhaas, Märtyrer seines Rechtsgefühls. Man sagt, dass das Blut der Märtyrer nicht umsonst fliesse, und es mag sich das bei ihm wohl bewahrheitet und sein mahnender Schatten noch auf lange ausgereicht haben, um Andere vor solcher Vergewaltigung des Rechts, wie sie ihn getroffen hatte, zu bewahren.«

Rudolf von Ihering: Der Kampf um's Recht. 2., unveränd. Aufl. Wien: Manz'sche Buchhandlung, 1872. S. 66–69.

2. Erste Hälfte des 20. Jahrhunderts

Für Franz Kafka (1883–1924) war das Werk und auch das Leben Heinrich von Kleists von besonderer Bedeutung, und zahlreiche Forschungsarbeiten untersuchen die vielfältigen Bezüge zwischen den Texten Kafkas und denjenigen Kleists, der in der ersten Hälfte des 20. Jahrhunderts fast als Zeitgenosse rezipiert wurde. *Michael Kohlhaas* gehörte zu Kafkas Lieblingswerken und war der Kleistsche

Text, mit dem er sich am intensivsten auseinander setzte.
An Felice Bauer schreibt er am 10. Februar 1913:

»Gestern abend habe ich Dir nicht geschrieben, weil es
über Michael Kohlhaas zu spät geworden ist (kennst Du
ihn? Wenn nicht, dann lies ihn nicht! *Ich* werde Dir ihn
vorlesen!), den ich bis auf einen kleinen Teil, den ich
schon vorgestern gelesen hatte, in einem Zug gelesen habe.
Wohl schon zum zehnten Male. Das ist eine Geschichte,
die ich mit wirklicher Gottesfurcht lese, ein Staunen faßt
mich über das andere, wäre nicht der schwächere, teilweise grob hinuntergeschriebene Schluß, es wäre etwas Vollkommenes, jenes Vollkommene, von dem ich gern be-
haupte, daß es nicht existiert. (Ich meine nämlich, selbst
jedes höchste Literaturwerk hat ein Schwänzchen der
Menschlichkeit, welches, wenn man will und ein Auge dafür hat, leicht zu zappeln anfängt und die Erhabenheit und
Gottähnlichkeit des Ganzen stört.)«

Franz Kafka: Gesammelte Werke. Hrsg. von Max
Brod. Bd. 11: Briefe an Felice und andere Korrespondenz aus der Verlobungszeit. Hrsg. von Erich
Heller und Jürgen Born. Frankfurt a. M.: S. Fischer,
1967. S. 291 f.

Mit der nationalsozialistischen Machtübernahme 1933
wurde insbesondere auch das Werk Heinrich von Kleists
›gleichgeschaltet‹ und der nazistischen Ideologie dienstbar
gemacht. Kleists Figur bildet dabei für Hermann Böhme
in seinen »Gedanken über Michael Kohlhaas« im *Völki-
schen Beobachter* vom 26. Oktober 1933 den Ausgangs-
punkt für den Kampf Deutschlands gegen andere Staaten:

»Sie gibt so mancherlei Parallelen zu dem Geschehen der
letzten Tage. Auch Deutschland steht allein in dem Chor
der Völker, die es als eine Nation zweiten Grades und als
Sündenbock betrachten. Lange Jahre hat es sich das gefallen lassen. Endlich aber ist es erwacht. Es sind von ihm ge-

rufene Männer an seine Spitze getreten, die nicht dulden wollen, daß ihr Volk als ein Paria unter den übrigen stehe. Sie verlangen dasselbe Recht, das andere genießen. Und weil sie es nicht haben sollen, protestieren sie, indem sie die Abrüstungskonferenz verlassen und aus dem Völkerbund, der sie nicht als gleichberechtigt anerkennen will, austreten. [...] Ich denke da an eine Stelle aus ›Michael Kohlhaas‹: Als seine Frau ihn fragt: ›Warum willst du dein Haus verkaufen?‹, antwortet er: ›Weil ich in einem Lande, in welchem man mich in meinen Rechten nicht schützen will, nicht bleiben mag. Lieber ein Hund sein, wenn ich von Füßen getreten werden soll, als ein Mensch! Ich bin gewiß, daß meine Frau ebenso denkt, wie ich.‹ Man könnte die Antwort ein wenig abändern, und sie würde für unser Volk in der heutigen Lage gelten: ›WEIL ICH IN EINEM BUNDE, IN DEM MAN MEINE RECHTE NICHT ANERKENNEN WILL, NICHT BLEIBEN MAG. UND ICH BIN GEWISS, DASS HIERIN JEDER EINZELNE VOLKSGENOSSE SO DENKT WIE ICH!‹ Denn es geht ums Recht. Aber es geht nicht nur ums Recht und hier trennen sich [...] die Wege des Rechtsfanatikers Michael Kohlhaas von dem Weg des heutigen Deutschland. Jenem war es lediglich ums Recht zu tun. Unsere Führer aber wissen, daß es sich NICHT UMS RECHT ALLEIN handelt, sondern UM DIE EHRE UND DEN BESTAND IHRES VOLKES, ALSO UM DAS VOLK SELBST. [...] Der 12. November wird beweisen, daß das Volk wie e i n Mann hinter seinem Führer steht. Und daß in jedem deutschen Volksgenossen dasselbe deutsche Gerechtigkeitsgefühl lebt wie in Michael Kohlhaas, veredelt und geheiligt durch den UNERSCHÜTTERLICHEN WILLEN ZUR SELBSTBEHAUPTUNG.«

Rolf Busch: Imperialistische und faschistische Kleist-Rezeption 1890–1945. Eine ideologiekritische Untersuchung. Frankfurt a. M.: Akademische Verlagsgesellschaft, 1974. Anh. Nr. 155.

So kann es kaum verwundern, dass Kohlhaas von außen, in diesem Falle aus der Sicht Frankreichs, als Präfiguration Hitlers erscheint. JEAN CASSOU schreibt in seinem Aufsatz über »Kleist et le somnambulisme tragique« in den Pariser *Cahiers du Sud*, Mai/Juni 1937:

»Zum Räuber wird Michael Kohlhaas durch die Überspitzung eines Ichs, das nicht von sich loskommt und sich vergrößert, anwächst, mit der Gesamtheit identifiziert, sie mit seinem Aussatz ansteckt und mit in die gleiche Verdammnis reißt. Scheußliche Übersteigerung von Minderwertigkeitskomplexen, keinerlei begründete Ansprüche, aber Freude daran, Ansprüche um der Ansprüche willen zu erheben, Menschen- und Götterdämmerung, Verherrlichung einer kosmischen Sintflut: der ganze Hitler ist da. [...]
Ich wundere mich nur, daß Kleist nicht noch mehr für die Hitlersche Ideologie beansprucht wurde. Wahrscheinlich ist in seinen Abenteuern noch zuviel Humanität. [franz.]«

Nachruhm. Nr. 483.

Ein eindrucksvolles Gegenbeispiel zur nationalsozialistischen Vereinnahmung Kleists stammt aus der Exilliteratur, aus LION FEUCHTWANGERS (1884–1958) Roman *Die Geschwister Oppermann* (1933). Der jüdische Gymnasiast Berthold Oppermann soll einen Vortrag über Hermann den Cherusker öffentlich widerrufen und nimmt sich unter Berufung auf Kleist das Leben:

»Er wird sich jetzt ins Bett legen. Ein Buch wird er sich noch mitnehmen. Kleists ›Hermannschlacht‹ zum Beispiel. Aber er geriet an den vierten Band seines Kleist statt an den dritten, an die ›Erzählungen‹. Und er las die Erzählung von Michael Kohlhaas, Sohn eines Schulmeisters, einem der rechtschaffensten Menschen zugleich und entsetzlichsten seiner Zeit, den das Rechtsgefühl, in dem er ausschweift, zum Räuber und Mörder macht, so daß er um zweier Pferde willen sich selber aufgibt, einen Aufruhr entfacht und schließlich auf grauenvolle Weise umkommt. Aber die beiden schönen Rappen, die man ihm zu Unrecht zu Schindmähren gemacht hat, sieht er glatt und dickgefüttert wieder als sein Eigentum, wie er das Schafott besteigt. Berthold kannte die Erzählung gut, trotzdem las er sie mit neuer, scharfer Spannung. Mehreres las er zwei- bis dreimal. So die Antwort, die der Pferdehändler seiner Frau gibt, als diese ihn verstört fragt, warum er denn seinen Besitz verkaufe. ›Weil ich in einem Lande‹, erwidert er, ›in welchem man mich in meinen Rechten nicht schützen will, nicht bleiben mag. Lieber ein Hund sein, wenn ich von Füßen getreten werden soll, als ein Mensch.‹ Berthold las und nickte mehrmals schwer, zustimmend mit dem Kopf.

[...]

Er steht auf. Er sucht das Manuskript jenes Hermann-Vortrags hervor. Er hat es gut aufgehoben, er muß die Hauptlampe einschalten, um es herauszukramen, es dauert einige Zeit. Es ist ein sehr sauber geschriebenes Manuskript, liniiertes Papier, mit Rand, wenig Verbesserungen. Er nimmt einen Zettel, schreibt darauf: ›Es ist nichts zu erklären, nichts hinzuzufügen, nichts wegzunehmen. Dein Ja sei Ja, dein Nein sei Nein. Berthold Oppermann.‹ Er legt die Feder hin, dann nimmt er sie wieder und setzt hinzu: ›Berlin, den 1. März 1933.‹

Eigentlich möchte er doch die Verse aufschreiben, die ihm vorhin angeflogen sind: ›Dir, Unbekannter Kamerad.‹ Nein, Prosa ist besser. Und er schreibt: ›Lieber ein Hund sein, wenn ich von Füßen getreten werden soll, als ein Mensch. (Kleist, Inselausgabe, 4. Band, Seite 30).‹

Er geht in das andre Zimmer, nicht übermäßig leise, öffnet die Hausapotheke. Es sind drei Röhrchen mit Schlafmitteln. Er nimmt das, was er für das stärkste hält. Es ist noch

kaum angebrochen, sicher genügt es. Da werden sie mor-
gen in der Aula warten müssen.«

Lion Feuchtwanger: Gesammelte Werke in Einzel-
ausgaben. Bd. 11: Die Geschwister Oppermann.
Roman. Berlin/Weimar: Aufbau, ³1988. S. 219, 222. –
© 1963 Aufbau-Verlag, Berlin.

3. Politische *Kohlhaas*-Adaptionen seit den 1960er Jahren

Auch nach dem Zweiten Weltkrieg wurde Kleists Erzählung politisch instrumentalisiert und blieb von ihrem
historisch-politischen Gehalt her umstritten. In Ausein-
andersetzung mit der früheren juristischen Aktualisierung
durch Rudolf von Ihering vertritt der unorthodoxe marxis-
tische Philosoph Ernst Bloch (1885–1977), der zunächst
in der DDR in Leipzig und seit 1960 in der BRD in Tübingen lehrte, in seinem Werk *Naturrecht und menschliche
Würde* (1961) unter der Überschrift »Über Rechtsleiden-
schaft innerhalb des positiven Gesetzes (Kohlhaas und der
Ernst des Minos)« die These von Kohlhaas als Querulanten:

»Nur einmal wurde ein Querulant aus Größe dargestellt
und so kanonisch, wie er es verdient: Michael Kohlhaas.
Nur bei ihm glüht der Paragraph eines vorhandenen Gesetzes so, als wäre göttliches Recht darin. Nur Kohlhaas
hat auf die Befolgung eines Paragraphen so rebellisch gedrungen, als wäre hier Naturrecht, ja ein Glanzstück von
Naturrecht. So verschaffte er die stärkste und betroffenste
Lehrnovelle über einen Paragraphenreiter aus Rechtsgefühl. Kleist stellt seinen Helden dar, wie er um eines Ver-
lustes willen, den er verschmerzen könnte, wachsend
furchtbar wird und werden muß. [...] Kohlhaas also wird
einzig zum Verbrecher aus verletztem Rechtsbewußtsein
und zum Landfriedensbrecher aus juristischer Leiden-

schaft. Der manifeste Inhalt dieser Leidenschaft freilich ist nichts anderes als ein bereits vorhandenes Gesetz. Ist nicht mehr als eine Bestimmung aus dem üblichen Pfandrecht, wie der Roßhändler sie kannte und vor Beginn seiner Manie kaum wichtig genommen hatte. Überzeugungstäterschaft größten Stils und der Inhalt der Überzeugung stehen so in absurdem Mißverhältnis. Dies Mißverhältnis macht Kohlhaas vom Standort wirklicher Rebellion her blasphemisch; doch die Transparenz des kleinen Inhalts ist gleichfalls nicht übersehbar. Das Mißverhältnis zwischen der Kohlhaasschen Zähigkeit und dem Rechtssatz, für dessen Geltung sie sich einsetzt, wird demnach bedeutend verringert. Die Haftung für die Werterhaltung des ihm übergebenen Guts (eine Haftung, die bei Pufendorf und Wolff sogar aus dem bei ihnen üblichen Naturrecht abgeleitet worden ist) steht dann stellvertretend für ein abstraktes Rechtsbewußtsein, das sich ihr zuordnet. Dem diente die ungeheuerliche, die komisch-blasphemische Übertreibung, die Aktion aus Querulantentum und blindwütigem Fanatismus zu guter Letzt. [...] Auch der historische Kohlhaas agierte fürs positive Recht, als wäre es Naturrecht; es liegt am Roßhändler, der er blieb, freilich auch an der revolutionär erschöpften Zeit (um 1540), daß das geschändete Pfandrecht kein revolutionäres Stichwort abgab. Öfter sind aus Verletzungen eines positiven Rechts Rebellionen angegangen, wenn das Maß voll und der Vorwand erwünscht war. Nicht die Satzung war dann transparent für Recht überhaupt, sondern die Verletzung stand transparent für alles Unrecht, für unerträgliche Unterdrückung überhaupt. In solchen Fällen war ein Michael Kohlhaas nicht blasphemisch, und sein Rechtsgefühl steckte keine Burgen nur dazu in Brand, um einem Junker wegen versäumter Haftpflicht heimzuleuchten.«

Ernst Bloch: Naturrecht und menschliche Würde. Frankfurt a. M.: Suhrkamp, 1961. S. 93–96. – © 1961 Suhrkamp Verlag, Frankfurt am Main.

Vor dem Hintergrund der Erfahrung des Terrorismus der
»Rote Armee Fraktion« (RAF) in der BRD der 1970er
Jahre sieht der Literaturwissenschaftler KLAUS-MICHAEL
BOGDAL (geb. 1948) die Figur des Kohlhaas als Kollektiv-
symbol oder »Mythos des Alltags« im Sinne des französi-
schen Theoretikers Roland Barthes:

»Kohlhaas hat sich wie kaum eine andere Figur aus der
deutschen Literatur in einen vielfältig handhabbaren Mythos der Alltagsrede verwandelt. Bürger, die sich allein gegen die Willkür staatlicher Bürokratie auflehnen, die um
scheinbar Unwichtiges jahrelange Prozesse führen, neuer-
dings auch Hausbesetzer, Bauern, die ihr Land nicht für
ein Kernkraftwerk oder eine Industrieanlage hergeben
wollen –: in der Sprache der Medien und der Politik ist jeder von ihnen ein ›Kohlhaas‹. Unter den ›Mythen des Alltags‹ stellt Kohlhaas den Archetypus des Bürgers im
Kampf um das Recht dar, das ihm die Institutionen der
Gesellschaft verweigern.
[...]
Gerade das ›Trotz alledem!‹, das Festhalten an der Auto-
nomievorstellung als individueller Identität – wenn nötig
mit Gegengewalt – fasziniert in den aktuellen gesellschaftlichen Auseinandersetzungen über die Alltagsrede hinaus
am Kohlhaas-Mythos.«

Klaus-Michael Bogdal: Heinrich von Kleist, *Michael
Kohlhaas*. München: Fink, 1981. (Text und Geschichte. Modellanalysen zur deutschen Literatur.
9.) S. 7. – © 1981 Wilhelm Fink GmbH & Co. Ver-
lags-KG, München.

Die vorerst letzte Etappe der politischen Aktualisierung
des *Michael Kohlhaas* ist durch die deutsche Vereinigung
bezeichnet. Zum Jahreswechsel 1991/92 entstand die
Kohlhaas-Bearbeitung des Brandenburgers ROLAND MÜL-
LER (geb. 1941) mit dem Titel *Aufstand Ost. Szenische Vi-*

sion nach Kleist. Wolfgang Barthel (geb. 1938) berichtet über das unveröffentlichte Stück:

»Müller betreibt die totale Aktualisierung. An die Stelle der beiden Kurfürsten von Sachsen und Brandenburg sind die Ministerpräsidenten Biedenkopf und Stolpe getreten, die als Figuren mitspielen. Der Part des Luther ist dem Bundespräsidenten Weizsäcker zugefallen. Angeklagt ist die Übernahme Ostdeutschlands durch gewissenlose Schnäppchen-Macher wie den vornehmen Unternehmer Neureuther aus Niedersachsen, gegen den Hans Kohlhaas, ein Lada-fahrender Pferdezüchter aus Brandenburg, vergeblich einen Rechtsanspruch durchzusetzen versucht, wobei er unversehens (und ihm selbst völlig unverständlich) hinter Schloß und Riegel landet. Er hatte zwischenzeitlich etwa 500 Leute auf seine Seite gebracht, Entwurzelte des Umbruchs, und er läßt sie ohne weiteres im Stich, als er mit der Regelung seiner *eigenen* Rechtsansprüche rechnen kann. Sein Lockruf, eine bessere Welt schaffen zu wollen, stellt sich als unrealistisch, ja als Phrase heraus. Roland Müllers Hauptinteresse gilt der totalen Verwandlung eines Menschen unter dem Druck veränderter Umstände. Das sei, so Müller im Prolog seines Stückes, schon das Spannende an Kleists Novelle gewesen, die im übrigen als ein bitterböses Stück Literatur bezeichnet wird, worin geschildert ist, wie aus nichtigem Anlaß ganze Landstriche mit Haß und Gewalt überzogen würden.«

Wolfgang Barthel: Heinrich von Kleists *Michael Kohlhaas* (1808/1810). Werden und Wirkung. Facetten. Bei Gelegenheit der Ausstellungseröffnung am 31. August 1993 in der Stadtbücherei Heilbronn. Heilbronn: Stadtbücherei, 1993. (Heilbronner Kleist-Schriften. 2.) S. 20f.

4. Die neuere literaturwissenschaftliche Forschung

Gerade bei einem politisch umstrittenen Text wie *Michael Kohlhaas* zeigt sich, dass selbst werkimmanente wissenschaftliche Untersuchungen von politischen Adaptionen der Literatur nicht unberührt bleiben. FRIEDRICH KOCH erörtert die Entstehungsgeschichte der Erzählung im Kontext des politischen Engagements ihres Autors:

»Fragen wir zuletzt, warum Kleist das Fragment von 1808 nicht weitergeführt hat. Die bisherige Ansicht war, er habe im Fragment die Problematik Individuum – Staat gestaltet aus seinem neu erwachten Interesse an der Gemeinschaft heraus, dann aber hätten neue Pläne, die ›Hermannsschlacht‹ vor allem, diesen Stoff beiseite geschoben. In Wirklichkeit gehört der Kohlhaas-Stoff wohl in die Reihe jener dichterischen Vorwürfe, die Kleist neu hervorholte, um seine Beiträge zum ›Phöbus‹ zu bestreiten (auch das Guiskard-Fragment gehört dazu). Am Schluß des Kohlhaas-Fragments aber steht: ›Fortsetzung folgt.‹ Kleist hat eine Weiterführung geplant, der Inhalt aber spricht in keiner Weise von einer veränderten Stellung zur Gemeinschaft. Das Recht des Einzelnen gegenüber der Gemeinschaft wird verteidigt. So konnte das Fragment mit seiner kritischen Haltung dem Staat gegenüber und seiner völlig anders gelagerten, das Individuum mit seinen Rechten in den Mittelpunkt stellenden Problematik kein Interesse mehr bieten, als die Gemeinschaft in den Mittelpunkt von Kleists Denken trat. Der Dichter hat also nicht den Stoff wieder aufgenommen bei seiner Hinwendung zur Gemeinschaft, sondern er hat die Vollendung des Werkes zurückgestellt, als diese neue Möglichkeit einer Sinnerfüllung auftauchte. Dieses neue Ziel ergreift ihn zunächst ganz ausschließlich, und erst langsam, bei Erprobung des neuen Haltes auf seine Zuverlässigkeit, als die Gemeinschaft als absoluter Wert fragwürdig wurde, geriet er in

Zweifel, ob sie das leisten könne, was er von ihr erwartete. In dieser Lage kam Kleist von neuem an den Kohlhaas-Stoff. Was ist dann, wenn der Staat, die Gemeinschaft dem Anspruch nicht gerecht wird, den der Mensch an sie stellt, wenn er ihm die Bestätigung verweigert, die er von ihr erwartet? Was bleibt dem Menschen noch in einer solchen Lage? Wieder tritt das Individuum und sein Lebensrecht in den Mittelpunkt von Kleists Denken. Aus dieser Situation heraus ist wohl der endgültige Text gestaltet. Dabei tritt hinterher die Haltung, mit der Kleist, sich selber unbewußt, dem Vaterland 1808 entgegengekommen war, ganz klar zutage: für Kohlhaas ist der Staat nicht mehr da, sobald er ihm die erwartete Bestätigung nicht verleiht. Er besteht für den Menschen nur als Wert, sofern er ihm dient und Lebensrecht gibt. Kleists Wendung zum Staat heißt also: der Staat ist dazu da, den Menschen in seinem Selbstwert zu bestätigen. Die Menschenwürde ist vom Staat abhängig, mit Hilfe des Rechts wird sie gewahrt. Damit ist das Politische an die Stelle des Religiösen getreten. Deswegen bekommt die Rechtssache eine so eigenartige Bedeutung, weil der Staat jetzt als höchste und letzte Instanz für den Wert des Menschen erscheint, deswegen kommt es so sehr auf das Recht und die Anerkennung in der Gemeinschaft an.«

Friedrich Koch: Heinrich von Kleist. Bewußtsein
und Wirklichkeit. Stuttgart: Metzler, 1958. S. 294 f.

JOCHEN SCHMIDT (geb. 1938) geht bei seiner Analyse von der Erzählperspektive aus und beschreibt Kleists Intention als umfassende Autoritätskritik:

»Trotz seines Mitgefühls mit dem Schicksal des Helden befindet sich Kleists ›Chronist‹ keineswegs auf der Höhe der von ihm erzählten Tatsachen. Sein Systemkonformismus, verbunden mit einer schläfrigen Durchschnittlichkeit des Urteils, zeigt sich vor allem in den negativ wertenden Aussagen über Kohlhaas und in seiner obrigkeitsfrommen Anteilnahme am Los des sächsischen Kurfürsten.

Zunächst übernimmt der Chronist in seinem Bericht von Kohlhaasens Rachefeldzug gegen die Obrigkeit die Methode oberflächlicher Wertung, die sich nicht nach den Motiven, sondern nur nach den Folgen und dem äußeren Anschein richtet. [...] Die Irritation durch die Chronistenperspektive wird nicht nur zur Warnung vor der nächstliegenden Fehlinterpretation, sondern auch zum Agens eigener Erkenntnisbemühung.
[...]
Die Schärfe und die immer wieder spürbare Grundsätzlichkeit der Kritik Kleists wird aber durch die Sympathie des Chronisten für die Obrigkeit verschleiert, am meisten durch sein Mitgefühl mit dem sächsischen Kurfürsten. Damit ist das unkritische, systemkonforme Erzählen als ein Teil der durch die Sprache der Tatsachen erhellten umfassenden Korruption in die Erzählung selbst eingeführt und aufs Korn genommen. Denkbar wäre auch der eigene Schutz vor der preußischen Zensur, mit der Kleist als Journalist unliebsame Erfahrungen machen mußte. Denn allzu leicht war sonst die Kritik an den preußischen Zuständen selbst zu erkennen, für die etwa die Formel zu gelten hat: die Zustände in Sachsen: Preußen, wie es wirklich ist; das Verhalten des brandenburgischen Kurfürsten: Preußen, wie es sein sollte. So konnte Kleist die Dichtung der Wirklichkeit in doppeltem Sinn gegenüberstellen – als Spiegel und als Gegenbild.«

Jochen Schmidt: Heinrich von Kleist. Studien zu seiner poetischen Verfahrensweise. Tübingen: Niemeyer, 1974. S. 181f., 184f. – © 1974 Max Niemeyer Verlag GmbH & Co. KG, Tübingen.

In diese Kritik werde mit Luther auch die geistliche Autorität einbezogen:

»Hat Luther seine alte Bedingung – die Vergebung – rückgängig gemacht? Das scheint unmöglich. Hat er sich inzwischen zu Kohlhaasens Schriftauslegung bekehrt, der ihn darauf hingewiesen hatte, daß auch der Herr allen seinen Feinden nicht vergab? Hat er seinen Obrigkeitsglauben suspendiert, nachdem er durch das Verhalten des sächsischen Kurfürsten eines Besseren belehrt wurde? Und vor allem: zieht er durch die Gewährung der Kommunion nur mit den von der nunmehr zuständigen Obrigkeit – dem Kaiser – geschaffenen neuen Fakten gleichauf, womit die Sinnentleerung seines Handelns bewiesen wäre? Denn nachdem der Junker Wenzel verurteilt ist, braucht ihm Kohlhaas nicht mehr zu ›vergeben‹ – und wenn damit die Forderung nach Vergebung hinfällig ist, so ist, nach derselben Subtraktionslogik, auch die Verweigerung der Kommunion nicht mehr begründet. Daß Kohlhaas sich schließlich am sächsischen Kurfürsten noch schwer rächen wird, kann Luther nicht wissen. Würde er die Kommunion verweigern, wenn er es wüßte? Sicher ist allein, daß die Kommunion nicht zu dem am Ende noch sich schwer rächenden Kohlhaas paßt – daß Luther auch mit diesem letzten Akt wie früher an Kohlhaas vorbeiredet und vorbeihandelt, weniger aus persönlicher Unzulänglichkeit als aufgrund einer unzulänglich konstruierten geistlichen Autorität. Ob er verweigert oder gewährt: Er verfehlt die Situation wie der lutherische Geistliche am Sterbebett Lisbeths. Kleist hat seinen Kohlhaas, wenn nicht überhaupt außerhalb der Grenzen des Christlichen, so doch entschieden außerhalb der Grenzen bestimmter Auslegungen des Christlichen angesiedelt. Das Auftreten Luthers als Vertreters mindestens der positiven Religion und Repräsentanten der geistlichen Autorität ist insofern nicht nur Episode,

sondern von kategorialer Bedeutung für die ganze Erzählung.
Zusammenfassend läßt sich sagen, daß Kleist die geistliche Autorität in der Gestalt Luthers ebenso ad absurdum
führt wie die weltliche Autorität in der Gestalt des sächsischen Kurfürsten.«

Ebd., S. 194 f.

Den Schluss der Erzählung bewertet Schmidt pessimis-
tisch:

»Die Vision des Abgrunds wirkt durch die erzählerische
Artistik am Rande des Abgrunds noch eindringlicher. Im
selben Maße, wie Kleist Traum- und Wunschbilder auf-
baut, neigt er zur pessimistisch-zerstörenden Desillusion.
An den Traum- und Wunschbildern selbst noch zeigt sich
gerade im ›Kohlhaas‹, wie tief der Pessimismus ist. Denn
was würde es bedeuten, wenn die als unwahrscheinlichen,
ja undenkbarer Glücksfall dargestellte ›Lösung‹ akzeptiert
würde? Doch nur, daß einer, um Gerechtigkeit in der Welt
zu finden, wider Willen zum ›Räuber und Mörder‹ werden und sein eigenes Leben verlieren muß.
Während sich die Divergenz der beschränkten Chroni-
stenwertung und der berichteten Tatsachen sowie die Ironie in der geschwollenen Rhetorik des Lutherschen Send-
schreibens verhältnismäßig exakt bestimmen lassen, ist die
tragische Ironie des Schlußteiles weniger leicht zu fixieren.
Nach strengen Maßstäben ist sie nicht evident, sondern
nur indirekt durch ein Aufwerfen der Sinnfrage zu er-
schließen. Das setzt voraus, daß der Interpret aus dem
naiven, nicht ironischen Verständnis des Textes keinen
einleuchtenden Sinn gewinnen kann, weil er sich weigert,
dem Dichter Kleist die Ausflucht in eitlen Wunderglauben
zuzutrauen.«

Ebd., S. 198 f.

Die immer wieder unterstellte spezifische Modernität Kleists führt nicht nur zu politischen Aktualisierungen, sondern auch dazu, dass seine Texte in besonderem Maße zum Erprobungsfeld neuer Theorien und methodischer Ansätze werden. HELGA GALLAS (geb. 1940) bezeichnet ihre Lektüre der Erzählung als struktural-psychoanalytisch und beruft sich dabei auf Jacques Lacan:

»Der Kurfürst von Brandenburg steht für den Teil der Vater-Instanz, der die starken, potenten, die Mutter besitzenden, gesetzgebenden Teile verkörpert – schließlich auch die Verkündung des Urteils für Kohlhaas' Taten übernimmt. Im Unterschied zum Kurfürsten von Sachsen wird er von der Zigeunerin als Gesetzesinstanz anerkannt – und das ist nötig, wenn der Sohn ihn anerkennen soll –, sie prophezeit ihm eine Zukunft.

Wie um Lacans These zu illustrieren, daß auch der Vater den ›Phallus‹ nicht hat, sondern nur dessen Gesetz ausspricht, ist aber auch der Kurfürst von Brandenburg nur eine gesetzaussprechende Instanz, er ist selber an dieses Gesetz gebunden. Gesetzgeber ist der Kaiser in Wien, als oberste, symbolische Instanz nur ein Name.

Der Kurfürst von Sachsen hingegen verkörpert den schwachen, von der Mutter nicht anerkannten und im Bunde mit ihr zu quälenden Teil der Vater-Instanz – der schließlich der zu besiegende Vaterteil ist. […]

Wenn sich Kohlhaas das, was dem Kurfürsten zugehört, was dieser begehrt, einverleibt, so heißt das: der Kurfürst ist seines Phallus beraubt. Die letzten Sätze der Novelle handeln ausschließlich von den Folgen dieser symbolischen Kastration für den Kurfürsten. […]

Dennoch wird das eigentliche ›Objekt‹ des Begehrens nicht erreicht. […] Ein Substitut nach dem anderen wird eingeführt, und Kohlhaas sucht damit das zu ersetzen, was ihm fehlt: ein Objekt, das nicht benannt ist. Benannt sind lediglich die Stellvertreter-Objekte, jene Signifikanten, die

die Kette immer neuer Substitute bilden: die Pferde, das Recht, das Gesetz, das Vernichten des Junkers, des Kurfürsten, die Flucht, das Quälen und schließlich die Kapsel mit dem Zettel und der Schrift. Das eigentliche Objekt des Begehrens ist also nicht direkt, sondern in einer Kette von Metaphern gegeben, die es vertreten bzw. verdecken.

Was aber ist nun dieses ES, was ist der Sinn dieser Kette? Wenn wir den letzten Signifikanten in der Kette näher betrachten, stellen wir fest: Die Kapsel mit dem Zettel ist Objekt des Vaters, ist männliches Symbol; aber nicht er, sondern die Mutter hat sie, zudem ist der Zettel *in* eine Kapsel gelegt, es handelt sich also auch um ein weibliches Symbol. Substituiert scheint hier die Vorstellung vom Phallus der Mutter bzw. vom Phallus des Vaters, den die Mutter in sich trägt – eine durchaus reale Vorstellung der Kinder, wie Melanie Klein gezeigt hat. Das Begehren richtet sich nicht auf ein reales Objekt, sondern auf die Vorstellung von etwas, und zwar von etwas, das es real nie gegeben hat (den Phallus der Mutter). In dieser Vorstellung findet das Begehren einen Repräsentanten, der aber unsagbar, unaussprechbar ist. Er taucht wieder auf in den Substitut-Signifikanten, hier in der Kette von Metaphern – eine metonymische Bewegung der Verschiebung, die unabschließbar ist, denn das Objekt des Begehrens kann nie eingeholt werden. Das Subjekt ist gezwungen, etwas anderes zu begehren als das, was es ursprünglich begehrte, das Objekt ist also ein verlorenes Objekt: Mit jedem neuen Substitut ist das Subjekt gleich nah und fern vom eigentlichen Objekt des Begehrens.

Das aber heißt: Der Sinn der Kette, der sich an einem Punkt dieser Kette einstellen mag, wird immer wieder aufgeschoben, verschoben auf den nächsten Signifikanten. Deshalb spricht Lacan vom ständigen Gleiten des Signifikats unter dem Signifikanten.

Das aber heißt weiter: Alle Aussagen, die den Sinn der

Geschichte auf dies oder das abschließende Resultat/Signi-
fikat festlegen, erfassen immer nur ein vorübergehendes
Signifikat an einer bestimmten Stelle der Signifikanten-
Kette (ohne diese Einschränkung ist allerdings überhaupt
kein Signifikat zu benennen).
[...]
Und ich? Die germanistischen Interpreten wissen, was sie
sehen wollen: ein Zentrum. Und was suche ich? Der Text
zwingt mich, ihn anzusehen, ihn zu erkennen, dieser Text
begehrt mich. Ich lese den Text wieder und wieder, um
vielleicht doch noch etwas zu entdecken, das die Widersprüche lösen, die Bruchstücke zusammenfügen, die Lü-
cken schließen könnte, etwas ganz Bestimmtes, ganz Kon-
kretes – etwas, von dem ich weiß, daß ich es nicht finden
kann, weil es es gar nicht gibt. Und doch – ich suche. Vielleicht könnte das heißen: Das Textbegehren ist auch mein
Begehren als Analysierende. Es ist (wie Barthes es nennt)
die ödipale Lust am Enthüllen der Wahrheit, am Anfang
und Ende sehen wollen, genau sehen wollen ... oder *meine* Suche nach dem fehlenden Objekt. So wie Kleist weiter
geschrieben hat, werde ich weiter analysieren, und etwas
in der Geschichte wird sich mir weiter entziehen.«

Helga Gallas: Das Textbegehren des *Michael Kohl-
haas*. Die Sprache des Unbewußten und der Sinn der
Literatur. Reinbek b. Hamburg: Rowohlt, 1981.
S. 83–87, 96. – Mit Genehmigung von Helga Gallas,
Bremen.

Klaus-Michael Bogdal (geb. 1948) führt die interpreta-
torischen Schwierigkeiten mit der Erzählung in einer se-
miotischen Analyse auf die Widersprüchlichkeit historisch
unterschiedlicher Zeichenordnungen zurück, was er am
Beispiel der Zigeunerin erläutert:

»Das Zeichensystem der feudalen Welt funktioniert als
ordnendes, d. h. hierarchisierendes, eindeutiges Bedeu-

tungsgefüge. Es erhebt auch dann noch den Anspruch auf
Gültigkeit, wenn die empirische Erfahrung dessen, der in
ihm lebt, die Beziehung zwischen Bedeutung und Bedeu-
tetem längst fragwürdig erscheinen läßt. Nicht die individuelle Wahrnehmung (sie kann Täuschung oder gar Ein-
flüsterung des Bösen sein) ist ausschlaggebend, sondern
die Konventionalität des Zeichens gilt (sie ist natürlich,
heilig, ewig). Die feudalen Zeichensysteme strukturieren
sämtliche Lebensbereiche. Sie reichen von den religiösen
Symbolen über die Ständeordnung mit der Heraldik, den
Zunft-, Kleider-, Haarordnungen, den Ritualen und der
Etikette bis hin zu den Emblemata und Allegorien der
Kunst. Im Kleistschen Text ist diese Zeichenordnung noch
ständig präsent.
Aber es gibt auch die neuen, der Eindeutigkeit entzogenen
Zeichen, die die Literaturwissenschaft als ›Goethe-Sym-
bol‹ oder als ›Motiv‹ der Romantik begrifflich zu erfassen
und als Teil der Autonomisierung der Kunst im 18. Jahrhundert darzustellen gesucht hat. Die Zeichen der feudalen Welt sind im *Michael Kohlhaas* noch in ihrer alten Bedeutung wiederzuerkennen. Aber durch die Handlung,
d. h. durch die intratextuelle Lesart der Figuren, genauer
durch ihr Verkennen, ihre Fehlleistungen und Mißver-
ständnisse wird deutlich, daß die alte Ordnung sich auflöst. Die konventionalisierten Bedeutungen nähern sich
dem Status der ›unsicheren‹, privaten Lesarten an. Auch
die alten Zeichen werden doppeldeutig, literarisch, mar-
kieren Differenzen.
[...] Die Verwandlung der Zigeunerin zur verstorbenen
Gattin Elisabeth durch Zeichen der Ähnlichkeit ist *der
Weg vom Unbegreiflichen zurück zur intakten Familiari-
tät*. Die Zeichen des Merkwürdigen und Unheimlichen
werden einem rationalen Sinngebungsprozeß unterworfen, indem eine familiäre Herkunft suggeriert wird. Doch
auch die Häufung von Wahrscheinlichkeiten bringt die
Frage nach der ›Wahrheit‹ nicht zum Verschwinden, das

beredte Spiel des Wiedererkennens/Verkennens ist ohne die stumme Differenz der Zeichenordnungen nicht möglich.«

Klaus-Michael Bogdal: »Mit einem Blick, kalt und leblos, wie aus marmornen Augen.« Text und Leidenschaft des *Michael Kohlhaas*. In: Heinrich von Kleist. Studien zu Werk und Wirkung. Hrsg. von Dirk Grathoff. Opladen: Westdeutscher Verlag, 1988. S. 187, 189. – Mit Genehmigung von Klaus-Michael Bogdal, Bielefeld.

Gegen die ›postmoderne‹ Auffassung einer durchgängigen Ambivalenz der Wertungen in Kleists Erzählung wendet sich der in den USA lehrende Germanist WOLFGANG WITTKOWSKI (geb. 1925). Seine These lautet, dass Kleist politisch-moralisch entschieden Partei für seinen Protagonisten ergreife, dessen Hinrichtung unzweideutig als Justizmord zu bezeichnen sei:

»Kleist übt in dieser Perspektive von 1800, jedoch nicht ganz anachronistisch, naturrechtliche Kritik an den Übergriffen Tronkas, mehr noch an den obrigkeitlichen Pflichtverletzungen; ferner am bürokratischen und unpersönlichen Verfahren der Autoritäten und überhaupt am ›Machtspruch‹-artigen, jeder Verhältnisgerechtigkeit spottenden Verfügen über den Helden, zumal durch den Kurfürsten von Brandenburg. Dieser nutzt den Fall für seine machiavellistische Vorherrschaftspolitik gegen Sachsen, weiß freilich, wenn nicht die Öffentlichkeit des Werkes, so jedenfalls die gelehrte Leserschaft zu täuschen, indem er als Wahrer strikter Legalität und landesväterlicher Diener seines Untertans posiert. [...]
Selten wird man fertig mit der Crux des Lesens hier, dem Changieren des Erzählers zwischen philiströs-gesellschaftlichem Konformismus, gottgleicher Allwissenheit und Ironie. Dann freilich fällt auf: Jene Exzesse werden

gar nicht kritisch, sondern mit wachsendem Beifall geschildert und zuletzt abgesegnet von Luther und der als Zigeunerin wiedergekehrten Lisbeth. Ja, zu Pfingsten, Palmsonntag und Palmmontag rückt die Liturgie Kohlhaas neben den Christus, der die trägen, tauben Gemüter aufscheucht und mit Jesaja Gericht und Rachequal verhängt über die, die ihm an Recht und Leben wollen.

Das entspricht zwar nicht dem, was die zivile Konvention in- und außerhalb der Kirchen uns vorschreibt – sehr wohl indessen unseren unmittelbaren Herzensreaktionen und der Bibel. Dichtungen wie die von Kleist erinnern an jene ursprünglichen Regungen, anstatt uns zu bestätigen in den Lebenslügen der Korrektheit, die uns durch- und weiterhelfen. Jeder kennt doch die Erbitterung, die Vergewaltigern von Recht und Menschen die härteste Vergeltung wünscht, womöglich unter Anrufung des Richtergottes und vorbei am ordentlichen Rechtsweg, dessen ›Verhältnismäßigkeits‹-Rechnung unsere Forderungen oft kläglich unter- oder brutal überbietet.

[...]

Kohlhaas ist weder Jakobiner noch Terrorist, sondern weltlicher Nachfolger der gottberufenen ›Wundermänner‹ Luthers, Vorläufer der christlichen Widerstandskämpfer gegen Hitler, poetischer Vorkämpfer für gerechtes Rechtsprechen, Regieren; Muster vernünftig-redlichen Abschätzens des Schwellengrades zwischen Unrecht, das man ertragen und nicht mehr ertragen kann und soll. Eine exemplarische Figur, deren menschliche Schwächen jederzeit mitgefärbt sind durch ihre Vorzüge [...].«

Wolfgang Wittkowski: Rechtspflicht, Rache und Noblesse. Der Kohlhaas-Charakter. In: Beiträge zur Kleist-Forschung 12. Hrsg. von Wolfgang Barthel und Hans-Jochen Marquardt. Frankfurt a. d. Oder: Kleist-Gedenk- und Forschungsstätte, 1998. S. 92–94, 109. – Mit Genehmigung von Wolfgang Wittkowski, Schenectady (USA).

Ein Aufsehen erregendes Kleist-Buch hat der ungarische Literaturwissenschaftler LÁSZLÓ F. FÖLDÉNYI (geb. 1952) vorgelegt. Er trägt der Überzeugung der jüngsten Kleist-Forschung von der unaufhebbaren Widersprüchlichkeit der Texte dadurch Rechnung, dass er keine herkömmliche Monographie schreibt, sondern Artikel über einzelne Wörter, die als Knotenpunkte fungieren, von denen aus vor allem die vielfältigen Bezüge zwischen den verschiedenen Kleistschen Texten erhellt werden. Das dadurch entstehende Netz können die Leserin und der Leser nicht in seiner Struktur von außen betrachten, sondern sie verfangen sich bei der Lektüre unweigerlich darin. Im Artikel »Mordlust« schreibt Földényi:

»Ist es wirklich die Mordlust, die Kohlhaas gefangen hält? Oder doch der Wunsch nach Gerechtigkeit? Ist er ein Mörder oder nicht? Und wenn ja, kann man ihn freisprechen? Oder wird umgekehrt auch sein vermeintliches Recht dadurch beschmutzt?
Die Ratlosigkeit, die sich des Lesers bemächtigt, besteht seit nunmehr fast zwei Jahrhunderten. In den Deutungen von *Michael Kohlhaas* ist sie zu einer wiederkehrenden Klischee geworden. Das hat jedoch tiefere Gründe als die Unentschiedenheit der Interpreten. Es ist, als wäre die Ratlosigkeit des Lesers von vornherein in die Erzählung mit ›einprogrammiert‹. Als säßen auch wir Leser in irgendeiner Nische der Geschichte. Wir halten das *Buch* in der Hand und können uns dabei nicht nur in Kohlhaas' Geschichte vertiefen, sondern auch unser unsichtbares Ich aufmerksam beobachten. Dieses unsichtbare ›Leser-Ich‹ hält, während es sich wie ein Parasit an Kohlhaas' Gestalt heftet und sich bald mit diesem, bald mit jenem Aspekt seines Charakters identifiziert, auch den Leser gefangen. Kleist hat, als er Kohlhaas' Geschichte schrieb, auch die Gestalt des in die Geschichte eingeflochtenen, chamäleonartigen Lesers geschaffen, der durch das → SCHLÜSSELLOCH späht. Einmal aus dem Text

heraus, ein andermal von außen hinein. Indem Kleist eine
Beurteilung Kohlhaas' unmöglich macht, zwingt er auch die
Literatur in eine Grenzsituation. Unbewußt verstößt er gegen jene neuzeitliche Regel der Epik, wonach die Kette der
Ereignisse zusammenhängend und übersichtlich sein muß.
Und er tut das, indem er den Ursprung des Sprechens un-
bestimmbar macht. Wie entsteht eine Meinung? Woher?
Auf welcher Grundlage? Ob die abweichenden Meinungen
miteinander in Einklang zu bringen sind? Wohl kaum. So
wie Kohlhaas die Gestalt der → ZIGEUNERIN anders darstellt als der sächsische Kurfürst (wobei sich der Erzähler
verdächtig in Schweigen hüllt!), ist es auch nicht zu ent-
scheiden, ob wir den Roßhändler für einen ruchlosen Mörder halten sollen, der das → HIRN Unschuldiger verspritzt,
oder ob wir ihn als einen Engel der Gerechtigkeit sehen sollen. Die Augenblicke der Ratlosigkeit (die sich mit dem
Auftritt der Zigeunerin mehren) reißen Löcher in den Text
und lösen den Zusammenhang auf. [...]
Der ›neben‹ (hinter) Kohlhaas stehende, unmerkbare fiktive
Leser schlägt bald Brücken zwischen dem Leser und dem
Roßhändler, bald reißt er diese ein. Und dadurch entsteht
ein innigeres Verhältnis zwischen dem Leser und der Gestalt Kohlhaas' als je zuvor in der Geschichte des bürgerlichen Romans. Beschließt der Leser nämlich, Kohlhaas alles
in allem für → RECHTSCHAFFEN zu halten, tut er dies auch,
weil er den Verbrecher in sich selbst entdeckt: spricht er
Kohlhaas frei, so möchte er die Existenz seiner eigenen
Mordlust leugnen. Sieht er in Kohlhaas jedoch einen
→ GRIMMIGEN Mörder, schrickt er vor seiner eigenen Güte
zurück, die er für wirkungslos hält, für ungeeignet, die Ge-
brechlichkeit der → WELT zu verändern. Auf dem Umweg
der Unmöglichkeit, Kohlhaas zu beurteilen, beginnt der Leser den Spielraum, den ihm die bürgerliche Gesellschaft gewährt, als ungenügend zu empfinden. Das Ideal der → BIL-
DUNG entpuppt sich als unverbindlich und ungeeignet, die
grundsätzlichen Fragen des Lebens zu klären; und das

→ ENTSETZEN, das das → TEUFLISCHE Ich (Kohlhaas' wie auch des Lesers) aus den Fesseln der Unterdrückung befreit, ist mächtiger, als daß es sich in den Rahmen der Bürgerlichkeit einsperren und zu einer linearen, epischen, eine rationale Welt suggerierenden Konstruktion verdichten ließe. [...]

Paradoxerweise steht Kohlhaas trotz aller Unbeständigkeit und Wechselhaftigkeit der Perspektive dennoch als ein absolut einheitlicher, fester Charakter vor uns. Versuchen wir, ihn in jene Welt einzubetten, gegen die er sich wendet, mißlingt es uns: irgendeine ›Schicht‹ seines Wesens wird immer ungebunden bleiben. Man kann seine politischen Beweggründe, sein Rechtsempfinden, seine Gläubigkeit, seine sexuelle Verklemmtheit, seinen Starrsinn, seine Bescheidenheit, seine explosionsartigen Ausbrüche, seine Melancholie, seine → HEITERKEIT, seine rücksichtsvolle Art, seine Empfindsamkeit oder seine → HEFTIGKEIT nicht auf einen *gemeinsamen Nenner* bringen. Jene, die im Lauf der Geschichte mit ihm zu tun haben, wie auch der Erzähler und das ›Leser-Ich‹, heben bald diese, bald jene Seite an ihm hervor und sind unfähig, bezüglich seiner Person zu einem Konsens zu kommen. Und dennoch zerfällt der Charakter des Roßhändlers nicht in Stücke. Seine Gestalt wird paradoxerweise umso einheitlicher und fester, je weniger eindeutig sie sich beurteilen läßt. Die Unvereinbarkeit der Perspektiven führt nicht dazu, daß seine Persönlichkeit wie die der Helden Hoffmanns auf romantische Weise zerfällt. Das erreicht Kleist dadurch, daß er die einzelnen Perspektiven niemals *relativiert*: wie Shakespeare in seinen Dramen oder Dostojewski in seinen Romanen nimmt er im gegebenen Moment und in der gegebenen Situation alle Personen gleich ernst.«

László F. Földényi: Heinrich von Kleist. Im Netz der Wörter. Aus dem Ungarischen übersetzt von Akos Doma. München: Matthes & Seitz, 1999. S. 289–292. – © 1999 Matthes & Seitz Verlag GmbH, München.

V. Literaturhinweise

1. Abkürzungen

Adelung Adelung, Johann Christoph: Grammatisch-kritisches Wörterbuch der Hochdeutschen Mundart, mit beständiger Vergleichung der übrigen Mundarten, besonders aber des Oberdeutschen. Mit D. W. Soltau's Beyträgen, revidirt und berichtiget von Franz Xaver Schönberger. 4 Bde. Wien 1811.

BKA Sämtliche Werke. Berliner Ausgabe. Hrsg. von Roland Reuß und Peter Staengle. Bd. II/1: *Michael Kohlhaas* (2 Teilbde.). Basel / Frankfurt a. M.: Stroemfeld / Roter Stern, 1990.

Campe Campe, Joachim Heinrich: Wörterbuch der Deutschen Sprache. 5 Bde. Braunschweig 1807–11.

DKV-Ausg. Sämtliche Werke und Briefe in vier Bänden. Bd. 3: Erzählungen, Anekdoten, Gedichte, Schriften. Hrsg. von Klaus Müller-Salget. Frankfurt a. M.: Deutscher Klassiker Verlag, 1990.

Lebensspuren Heinrich von Kleists Lebensspuren. Dokumente und Berichte der Zeitgenossen. Hrsg. von Helmut Sembdner. 7., erw. Neuaufl. München/Wien 1996.

Nachruhm Heinrich von Kleists Nachruhm. Eine Wirkungsgeschichte in Dokumenten. Hrsg. von Helmut Sembdner. 4., erw. Neuaufl. München/Wien 1996.

Schweizer Schweizer, Johann Conrad: Wörterbuch zur Erklärung fremder, aus andern Sprachen in die Deutsche aufgenommener Wörter und Redensarten. 2 Bde. Zürich 1811. Reprogr. Nachdr. Hildesheim 1978.

SW Sämtliche Werke und Briefe. Hrsg. von Helmut Sembdner. 2 Bde. München: Hanser, 1952 [u. ö.].

2. Ausgaben

Michael Kohlhaas. In: Phöbus. Ein Journal für die Kunst. Hrsg. von Heinrich von Kleist und Adam H. Müller. Jg. 1 (1808) St. 6. Dresden: Carl Gottlob Gärtner. S. 20–34.

Michael Kohlhaas. In: Heinrich von Kleist: Erzählungen. Berlin: Realschulbuchhandlung, 1810. S. 1–215.

Heinrich von Kleists gesammelte Schriften. Hrsg. von Ludwig
    Tieck. 3 Tle. Berlin: G. Reimer, 1826.
Werke. Im Verein mit Georg Minde-Pouet und Reinhold Steig
    hrsg. von Erich Schmidt. Krit. durchges. und erl. Gesamtausg.
    5 Bde. Leipzig: Bibliographisches Institut, 1904/05. – 2. Aufl.
    7 Bde. Leipzig: Bibliographisches Institut, 1936–38.
Sämtliche Werke und Briefe. Hrsg. von Helmut Sembdner. 2 Bde.
    München: Hanser, 1952 [u. ö.]. [Zit. als: SW.]
Werke und Briefe. Hrsg. von Siegfried Streller in Zusammenarb.
    mit Peter Goldammer, Wolfgang Barthel, Anita Golz, Rudolf
    Loch. 4 Bde. Berlin/Weimar: Aufbau, 1978 [u. ö.].
Sämtliche Werke und Briefe in vier Bänden. Bd. 3: Erzählungen,
    Anekdoten, Gedichte, Schriften. Hrsg. von Klaus Müller-Salget.
    Frankfurt a. M.: Deutscher Klassiker Verlag, 1990. [Zit. als:
    DKV-Ausg.]
Sämtliche Werke. Berliner Ausgabe. Hrsg. von Roland Reuß und
    Peter Staengle. Bd. II/1: *Michael Kohlhaas* (2 Teilbde.). Ba-
    sel / Frankfurt a. M.: Stroemfeld / Roter Stern, 1990. [Zit. als:
    BKA.]
Michael Kohlhaas. Aus einer alten Chronik. Anm. von Bernd Ha-
    macher. Nachw. von Paul Michael Lützeler. Stuttgart: Reclam,
    2002. (Universal-Bibliothek. 218.)

3. Bibliographien und Forschungsberichte

Busch, Rolf: Imperialistische und faschistische Kleist-Rezeption
    1890–1945. Eine ideologiekritische Untersuchung. Frankfurt
    a. M. 1974.
Werner, Marike: *Michael Kohlhaas* als Modellfall. In: Deutsche
    Klassiker im Nationalsozialismus. Schiller, Kleist, Hölderlin.
    Hrsg. von Claudia Albert. Stuttgart/Weimar 1994. S. 136–170.
Wolter, Burkhard: Bibliographie der *Kohlhaas*-Bearbeitungen. In:
    Heilbronner Kleist-Blätter 2 (1997) S. 64–86.
Lutze, Kathinka: Tendenzen der Kleistforschung. Eine systemati-
    sche Bibliographie der Sekundärliteratur zu Heinrich von Kleist.
    Eitorf 1999.
Hamacher, Bernd: Schrift, Recht und Moral. Kontroversen um
    Kleists Erzählen anhand der neueren Forschung zu *Michael
    Kohlhaas*. In: Heinrich von Kleist. Neue Wege der Forschung.

Hrsg. von Anton Philipp Knittel und Inka Kording. Darmstadt 2003. S. 254–278.

Eine periodisch fortgeschriebene Kleist-Bibliographie erscheint seit 1996 in den *Heilbronner Kleist-Blättern.*

4. Quellen und Quellengeschichte

Leutinger, Nicolaus: Opera omnia quotquot reperiri potuerunt. Georgius Gothofredus Kusterus recensuit, epitomen singulis libris, et lemmata, ubi deerant, addidit, indicemque adiecit. Frankfurt a. M. 1729.

[Mentz, Balthasar:] Stambuch und kurtze Erzehlung. Vom ursprung und Hehrkomen der Chur und Fürstlichen Heuser / Sachsen / Brandenburg / Anhalt und Lawenburg. Durch M. Balthasar Mentzen. Wittenberg 1598.

[Schöttgen / Kreysig:] Diplomatische und curieuse Nachlese der Historie von Ober-Sachsen, und angrentzenden Ländern. Zu einiger Erläuterung derselben, gehalten von Christian Schöttgen und George Christoph Kreysig. Dritter Theil. Dresden / Leipzig 1731. [S. 528–541: Nachricht von Hans Kohlhasen, einem Befehder derer Chur-Sächsischen Lande. Aus Petri Haftitii geschriebener Märckischen Chronik.]

Die Quellen zu Heinrich von Kleists *Michael Kohlhaas.* Hrsg. von Rudolf Schlösser. Bonn 1913.

Reuß, Roland: Nachrichten von Hans Kohlhase. In: Berliner Kleist-Blätter 3 (1990) S. 44–54.

Burkhardt, Carl August Hugo: Der historische Hans Kohlhase und Heinrich von Kleist's *Michael Kohlhaas.* Nach neu aufgefundenen Quellen dargest. Leipzig 1864.

Dießelhorst, Malte: Hans Kohlhase / Michael Kohlhaas. In: Kleist-Jahrbuch 1988/89. S. 334–356.

Dießelhorst, Malte / Duncker, Arne: Hans Kohlhase. Die Geschichte einer Fehde in Sachsen und Brandenburg zur Zeit der Reformation. Frankfurt a. M. [u. a.] 1999. [Zit. als: Dießelhorst/ Duncker, 1999.]

Hotz, Ingrid / Davies, Paul: Heinrich von Kleist's *Michael Kohlhaas* – Peter Hafftiz's *Märckische Chronic.* A Comparison of Novelle and Source Material with Particular Regard to Medieval

Legal Conceptions. In: German Life & Letters 41 (1987/88) S. 9–20.

Kaufmann, Ekkehard: Michael Kohlhaas = Hans Kohlhase. Fehde und Recht im 16. Jahrhundert. Ein Forschungsprogramm. In: Recht, Gericht, Genossenschaft und Policey. Studien zu Grundbegriffen der germanischen Rechtshistorie. Symposion für Adalbert Erler. Hrsg. von Gerhard Dilcher und Bernhard Diestelkamp. Berlin 1986. S. 65–83.

Müller-Tragin, Christoph: Die Fehde des Hans Kolhase. Fehderecht und Fehdepraxis zu Beginn der frühen Neuzeit in den Kurfürstentümern Sachsen und Brandenburg. Zürich 1997. [Zit. als: Müller-Tragin, 1997.]

– Hans Kolhase und Michael Kohlhaas. Unwahrscheinliche Wahrhaftigkeiten. In: Heilbronner Kleist-Blätter 7 (1999) S. 9–40. [Zit. als: Müller-Tragin, 1999.]

Neheimer, Kurt: Der Mann, der Michael Kohlhaas wurde. Ein historischer Bericht. Berlin [Ost] / Düsseldorf 1979.

Pniower, Otto: Kohlhaasenbrück und Heinrich von Kleist. In: Brandenburgia 25 (1916/17) S. 107–111.

5. Zu Leben und Werk Heinrich von Kleists

a) Einführende Überblicksdarstellungen

Birkenhauer, Klaus: Kleist. Tübingen 1977.

Doering, Sabine: Heinrich von Kleist. Stuttgart 1996.

Földényi, László F.: Heinrich von Kleist. Im Netz der Wörter. Aus dem Ungarischen übers. von Akos Doma. München 1999. [Zit. als: Földényi, 1999.]

Hohoff, Curt: Heinrich von Kleist in Selbstzeugnissen und Bilddokumenten. Reinbek b. Hamburg 1958 [u. ö.]. (rowohlts monographien. 1.)

Loch, Rudolf: Heinrich von Kleist. Leben und Werk. Leipzig 1978.

Müller-Salget, Klaus: Heinrich von Kleist. Stuttgart 2002.

Staengle, Peter: Heinrich von Kleist. München 1998.

Wichmann, Thomas: Heinrich von Kleist. Stuttgart 1988.

Zimmermann, Hans Dieter: Kleist, die Liebe und der Tod. Frankfurt a. M. 1989.

b) Dokumentationen

Heinrich von Kleist. Leben und Werk im Bild. Hrsg. von Eberhard Siebert. Frankfurt a. M. 1980.

Heinrich von Kleists Lebensspuren. Dokumente und Berichte der Zeitgenossen. Hrsg. von Helmut Sembdner. 7., erw. Neuaufl. München/Wien 1996. [Zit. als: Lebensspuren.]

Heinrich von Kleists Nachruhm. Eine Wirkungsgeschichte in Dokumenten. Hrsg. von Helmut Sembdner. 4., erw. Neuaufl. München/Wien 1996. [Zit. als: Nachruhm.]

Heinrich von Kleist. Dokumente und Zeugnisse. Biographisches Archiv. Hrsg. von Roland Reuß und Peter Staengle in Zsarb. mit Arno Pielenz und Renate Schneider Tl. 1: A–K. In: Brandenburger Kleist-Blätter 13 (2002) S. 29–455. – Tl. 2: L–Z. In: Brandenburger Kleist-Blätter 14 (2001) S. 23–911.

Horn, Peter: Kleist-Chronik. Königstein i. Ts. 1980.

Kleist. Ein Lebensbild in Briefen und zeitgenössischen Berichten. Hrsg. von Klaus Günzel. Stuttgart 1985.

Schriftsteller über Kleist. Eine Dokumentation. Hrsg. von Peter Goldammer. Berlin/Weimar 1976.

6. Zu *Michael Kohlhaas*

Abraham, Ulf: Kohlhaas und der Kanon, oder: Was hat Kleist in der Schule verloren? In: Kleist-Jahrbuch 1998. S. 244–263.

Allan, Seán: »Der Herr aber, dessen Leib du begehrst, vergab seinem Feind«. The Problem of Revenge in Kleist's *Michael Kohlhaas*. In: The Modern Language Review 92 (1997) S. 630–642.

Anstett, Jean-Jacques: A propos de *Michael Kohlhaas*. In: Études Germaniques 14 (1959) S. 150–156.

Apel, Friedmar (Hrsg.): Kleists Kohlhaas. Ein deutscher Traum vom Recht auf Mordbrennerei. Berlin 1987.

Barthel, Wolfgang: *Michael Kohlhaas*. Beobachtungen zum Erzählverfahren Kleists. Frankfurt (Oder) 1974.

– Heinrich von Kleists *Michael Kohlhaas* (1808/1810). Werden und Wirkung. Facetten. Bei Gelegenheit der Ausstellungseröffnung am 31. August 1993 in der Stadtbücherei Heilbronn. Heilbronn 1993. (Heilbronner Kleist-Schriften. 2.)

Beckmann, Beat: Kleists Bewußtseinskritik. Eine Untersuchung der Erzählformen seiner Novellen. Bern 1978. [Bes. S. 71–81.]

Bernd, Clifford A.: Der Lutherbrief in Kleists *Michael Kohlhaas*. In: Zeitschrift für Deutsche Philologie 86 (1967) S. 627–633.

– The Abdeckerszene in Kleist's *Michael Kohlhaas*. In: Studia Neophilologica 39 (1967) S. 270–280.

Best, Otto F.: Schuld und Vergebung. Zur Rolle von Wahrsagerin und ›Amulett‹ in Kleists *Michael Kohlhaas*. In: Germanisch-Romanische Monatsschrift N. F. 20 (1970) S. 180–189.

Bloch, Ernst: Naturrecht und menschliche Würde. Frankfurt a. M. 1961. [S. 93–102.]

Blöcker, Günter: Heinrich von Kleist oder das absolute Ich. Berlin 1960. [Bes. S. 212–225.]

Bogdal, Klaus-Michael: Heinrich von Kleist, *Michael Kohlhaas*. München 1981.

– »Mit einem Blick, kalt und leblos, wie aus marmornen Augen.« Text und Leidenschaft des *Michael Kohlhaas*. In: Heinrich von Kleist. Studien zu Werk und Wirkung. Hrsg. von Dirk Grathoff. Opladen 1988. S. 186–203.

– Erinnerungen an einen Empörer. Heinrich von Kleist, *Michael Kohlhaas* (1810). In: Deutsche Novellen. Von der Klassik bis zur Gegenwart. Hrsg. von Winfried Freund. München 1993. S. 27–36.

Bohnert, Joachim: Kohlhaas der Entsetzliche. In: Kleist-Jahrbuch 1988/89. S. 404–431.

Boockmann, Hartmut: Mittelalterliches Recht bei Kleist. Ein Beitrag zum Verständnis des *Michael Kohlhaas*. In: Kleist-Jahrbuch 1985. S. 84–108. [Zit. als: Boockmann, 1985.]

Breger, Claudia: Ortlosigkeit des Fremden. »Zigeunerinnen« und »Zigeuner« in der deutschsprachigen Literatur um 1800. Köln/Weimar/Wien 1998. [S. 302–324.] [Zit. als: Breger, 1998.]

Brors, Claudia: Anspruch und Abbruch. Untersuchungen zu Heinrich von Kleists Ästhetik des Rätselhaften. Würzburg 2002.

Brown, Hilda Meldrum: Heinrich von Kleist. The Ambiguity of Art and the Necessity of Form. Oxford 1998. [S. 97–129.]

Büttner, Ludwig: Michael Kohlhaas – eine paranoische oder heroische Gestalt? In: Seminar 4 (1968) S. 16–28.

Carrière, Mathieu: Für eine Literatur des Krieges, Kleist. Basel / Frankfurt a. M. 1981.

Cary, John A.: A Reading of Kleist's *Michael Kohlhaas*. In: Publications of the Modern Language Association of America 85 (1970) S. 212–218.

Castendyk, Stephanie: Das unverstandene Gesetz bei Walter Benjamin und Heinrich von Kleist. Diss. (Mikrofiche-Ausg.) Berlin (FU) 1995. [S. 130–156.]

Christians, Heiko: Mißhandlungen der Fabel. Eine kommunikologische Lektüre von Heinrich von Kleists *Michael Kohlhaas* (1810). In: Kleist-Jahrbuch 2000. S. 161–179.

Conrady, Karl Otto: Das Moralische in Kleists Erzählungen (1963). Wiederabgedr. in: Heinrich von Kleist. Aufsätze und Essays. Hrsg. von Walter Müller-Seidel. Darmstadt 1967. S. 707–735.

Cozic, Alain: De certains moments stratégiques dans la nouvelle de Kleist *Michael Kohlhaas*. In: Cahiers d'Études Germaniques 38 (2000) S. 247–256.

Dahn, Daniela: Der Teufelskreis der Geschichte. Ein Plädoyer für Michael Kohlhaas. In: D. D.: Vertreibung ins Paradies. Unzeitgemäße Texte zur Zeit. Reinbek b. Hamburg 1998. S. 201–204.

Dechert, Hans-Wilhelm: »Indem er ans Fenster trat …« Zur Funktion einer Gebärde in Kleists *Michael Kohlhaas*. In: Euphorion 62 (1968) S. 77–84.

Dettmering, Peter: Heinrich von Kleist. Zur Psychodynamik in seiner Dichtung. München 1975. [S. 85–104.]

Dietrick, Linda: Prisons and Idylls. Studies in Heinrich von Kleist's Fictional World. Frankfurt a. M. / Bern / New York 1985. [Bes. S. 109–186.]

Dyer, Denys: The Stories of Kleist. A Critical Study. New York 1977. [S. 107–150.]

Ellis, John Martin: Heinrich von Kleist. Studies in the Character and Meaning of His Writings. Chapel Hill 1979. [S. 67–88.]

Elsner, Gisela: Das Frohlocken angesichts des Richtblocks. Einige Überlegungen zur Novelle *Michael Kohlhaas*. In: Geschichte und Subjektivität. Hrsg. von Marlis Gerhardt und Gert Mattenklott. München 1978. S. 179–186.

Fink, Adolf: Michael Kohlhaas – ein noch anhängiger Prozeß. Geschichte und Kritik der bisher ergangenen Urteile. In: Rechtsgeschichte als Kulturgeschichte. Festschrift für Adalbert Erler zum 70. Geburtstag. Unter Mitw. von Adolf Fink hrsg. von Hans-Jürgen Becker [u. a.] Aalen 1976. S. 37–108.

Fischer, Bernd: Ironische Metaphysik. Die Erzählungen Heinrich von Kleists. München 1988. [S. 57–83.]

Fischer-Lichte, Erika: Heinrich von Kleist, *Michael Kohlhaas*. Frankfurt a. M. 1991.

Fricke, Gerhard: Gefühl und Schicksal bei Heinrich von Kleist. Studien über den inneren Vorgang im Leben und Schaffen des Dichters. Berlin 1929. Unveränd. Nachdr. Darmstadt 1963. 1975. [Bes. S. 123–136.]

– Kleists *Michael Kohlhaas*. In: Der Deutschunterricht 5 (1953) H. 1. S. 17–39.

Friedl, Gerhard: »Unter diesen Umständen …« Sprache, Struktur und Erzählperspektive in Kleists *Michael Kohlhaas*. In: Der Deutschunterricht 44 (1992) H. 3. S. 5–19.

Frommel, Monika: Die Paradoxie vertraglicher Sicherung bürgerlicher Rechte. Kampf ums Recht und sinnlose Aktion. In: Kleist-Jahrbuch 1988/89. S. 357–374.

Futterknecht, Franz: Gerechtigkeit, Wahnsinn und Tod. Versuch einer Erklärung elementarer Korrelationen in Heinrich von Kleists *Michael Kohlhaas*. In: Widersprüche im Widersprechen. Historische und aktuelle Ansichten der Verneinung. Festgabe für Horst Meixner zum 60. Geburtstag. Hrsg. von Peter Rau. Frankfurt a. M. [u. a.] 1996. S. 38–49.

Gall, Ulrich: Philosophie bei Heinrich von Kleist. Untersuchungen zu Herkunft und Bestimmung des philosophischen Gehalts seiner Schriften. Bonn 1977. [S. 172–229.]

Gallas, Helga: Das Textbegehren des *Michael Kohlhaas*. Die Sprache des Unbewußten und der Sinn der Literatur. Reinbek b. Hamburg 1981.

Gerth, Klaus: Michael Kohlhaas – eine deutsche Symbolfigur? In: Literarische Symbolfiguren. Von Prometheus bis Švejk. Beiträge zu Tradition und Wandel. Hrsg. von Werner Wunderlich. Bern/ Stuttgart 1989. S. 161–188.

– Vom preußischen Helden zum Terroristen. *Michael Kohlhaas* in der Rezeptionsgeschichte. In: Praxis Deutsch 17 (1990) H. 100. S. 55–62.

Gönner, Gerhard: Von »zerspaltenen Herzen« und der »gebrechlichen Einrichtung der Welt«. Versuch einer Phänomenologie der Gewalt bei Kleist. Stuttgart 1989. [S. 119–130.]

Goheen, Jutta: Der lange Satz als Kennzeichen der Erzählweise im *Michael Kohlhaas*. In: Wirkendes Wort 17 (1967) S. 239–246.

Graham, Ilse: Heinrich von Kleist. Word into Flesh: A Poet's Quest for the Symbol. Berlin / New York 1977. [S. 213–223.]

Grathoff, Dirk: *Michael Kohlhaas*. In: Kleists Erzählungen. Interpretationen. Hrsg. von Walter Hinderer. Stuttgart 1998. S. 43–66.

Greiner, Bernhard: Kleists Dramen und Erzählungen. Experimente zum »Fall« der Kunst. Tübingen/Basel 2000. [S. 327–347.]

Haase, Frank: Kleists Nachrichtentechnik. Eine diskursanalytische Untersuchung. Opladen 1986. [S. 119–155.]

Hammer, Stephanie Barbé: The Sublime Crime. Fascination, Failure, and Form in Literature of the Enlightenment. Carbondale/Edwardsville 1994. [S. 114–153.]

Harms, Ingeborg: Tod und Profit im *Michael Kohlhaas*. In: Heinrich von Kleist und die Aufklärung. Hrsg. von Tim Mehigan. Rochester (N. Y.) 2000. S. 226–238.

Hart, Julius: Das Kleist-Buch. Berlin 1912. [S. 259–335.]

Heber, Fritz: *Michael Kohlhaas*. Versuch einer neuen Textinterpretation. In: Wirkendes Wort 1 (1950/51) S. 98–102.

Heinritz, Reinhard: Kleists Erzähltexte. Interpretation nach formalistischen Theorieansätzen. Erlangen 1983.

Herrmann, Hans Peter: Zufall und Ich. Zum Begriff der Situation in den Novellen Heinrich von Kleists (1961). Wiederabgedr. in: Heinrich von Kleist. Aufsätze und Essays. Hrsg. von Walter Müller-Seidel. Darmstadt 1967. S. 367–411.

Hertling, Gunter F.: Kleists *Michael Kohlhaas* und Fontanes *Grete Minde*. Freiheit und Fügung. In: The German Quarterly 40 (1967) S. 24–40.

Hetzner, Michael: Der Kaufmann als Held. Das Problem der bürgerlichen Identität in Kleists *Michael Kohlhaas*. In: Beiträge zur Kleist-Forschung 2001. S. 69–98.

Heukenkamp, Rudolf: *Michael Kohlhaas* auf der Bühne. In: Weimarer Beiträge 23 (1977) H. 9. S. 171–178.

Hiebel, Hans H.: Das Rechtsbegehren des Michael Kohlhaas. Kleists und Kafkas Rechtsvorstellungen. In: Heinrich von Kleist. Studien zu Werk und Wirkung. Hrsg. von Dirk Grathoff. Opladen 1988. S. 282–311.

Hoffmeister, Elmar: Täuschung und Wirklichkeit bei Heinrich von Kleist. Bonn 1968.

Horn, Peter: Heinrich von Kleists Erzählungen. Eine Einführung. Königstein i. Ts. 1978. [S. 48–82.]

Horst, Falk: Kleists *Michael Kohlhaas*. In: Wirkendes Wort 33 (1983) S. 275–285.

Horst, Falk: Kleists Kohlhaas. Über die Täuschbarkeit von Beweggründen. In: Wirkendes Wort 44 (1994) S. 47–71.

Horwath, Peter: *Michael Kohlhaas*. Kleists Absicht in der Überarbeitung des Phöbus-Fragments. Versuch einer Interpretation. In: Monatshefte 57 (1965) S. 49–59.

Horwath, Peter: The »Nicht-um-die-Welt« Theme. A Clue to the Ultimate Meaning of Kleist's *Michael Kohlhaas*. In: Studia Neophilologica 39 (1967) S. 261–269.

– Auf den Spuren Teniers, Vouets und Raphaels in Kleists *Michael Kohlhaas*. In: Seminar 5 (1969) S. 102–113.

– Gerechtigkeit und Gnade in Kleists *Michael Kohlhaas*. Über die Substanzkraft traditionell-religiöser Motive. In: Husbanding the Golden Grain. Studies in Honor of Henry W. Nordmeyer. Ed. by Luanne T. Frank and Emery E. George. Ann Arbor 1973. S. 151–168.

Hoverland, Lilian: Heinrich von Kleist und das Prinzip der Gestaltung. Königstein i. Ts. 1978. [S. 121–136, 244–250.]

Huhn, Dieter / Behrens, Jürgen: Über die Idee des Rechts im Werk Heinrich von Kleists. In: Jahrbuch des Wiener Goethe-Vereins 69 (1965) S. 170–205.

Ihlenfeld, Kurt: Der rechtliebende Rechtsbrecher. Die Luther-Szene in Kleists *Michael Kohlhaas*. In: K. I.: Angst vor Luther? Witten/Berlin 1967. S. 229–250.

Kassouf, Susan Margaret: Writing Masculinities around 1800. Diss. (Mikrofiche-Ausg.) Ann Arbor 1996. [S. 100–170.]

Kavanagh, R. J.: Über Kleists *Michael Kohlhaas*. Kohlhaas und Brandenburg. In: Mutual Exchanges. Sheffield-Münster Colloquium I. Hrsg. von R. J. K. Frankfurt a. M. [u. a.] 1999. S. 231–241.

Kayser, Wolfgang: Kleist als Erzähler (1954). Wiederabgedr. in: Heinrich von Kleist. Aufsätze und Essays. Hrsg. von Walter Müller-Seidel. Darmstadt 1967. S. 230–243.

Kittler, Wolf: Die Geburt des Partisanen aus dem Geist der Poesie. Heinrich von Kleist und die Strategie der Befreiungskriege. Freiburg i. Br. 1987. [S. 291–324.]

– Der ewige Friede und die Staatsverfassung. In: Text + Kritik. Sonderbd. Heinrich von Kleist. München 1993. S. 134–150.

Klemm, László: Heinrich von Kleist, *Michael Kohlhaas*. Maximalismus des Ausdrucks und biblische Bezüge. In: Acta Litteraria Academiae Scientiarum Hungaricae 33 (1991) S. 37–46.

Koch, Friedrich: Heinrich von Kleist. Bewußtsein und Wirklichkeit. Stuttgart 1958. [S. 272–295.]

Koelb, Clayton: Incorporating the Text. Kleist's *Michael Kohlhaas*. In: Publications of the Modern Language Association of America 105 (1990) S. 1098–1107.

Körner, Josef: Recht und Pflicht. Eine Studie über Kleists *Michael Kohlhaas* und *Prinz Friedrich von Homburg*. Leipzig/Berlin 1926.

Kommerell, Max: Die Sprache und das Unaussprechliche. Eine Betrachtung über Heinrich von Kleist (1937/38). In: M. K.: Geist und Buchstabe der Dichtung. Goethe, Schiller, Kleist, Hölderlin. Frankfurt a. M. ⁶1991. S. 243–317.

Koopmann, Helmut: Das »Rätselhafte Faktum« und seine Vorgeschichte. Zum analytischen Charakter der Novellen Heinrich von Kleists. In: Zeitschrift für deutsche Philologie 84 (1965) S. 508–550.

Kreutzer, Hans Joachim: Die dichterische Entwicklung Heinrichs von Kleist. Untersuchungen zu seinen Briefen und zu Chronologie und Aufbau seiner Werke. Berlin 1968. [Bes. S. 246–252.]

– Über Gesellschaft und Geschichte im Werk Heinrichs von Kleist. In: Kleist-Jahrbuch 1980. S. 34–72. [Bes. S. 51–56.]

– Wann lebte Michael Kohlhaas? Über die ästhetische Einheit der Erzählung Kleists. In: Literatur und Geschichte 1788–1988. Hrsg. von Gerhard Schulz und Tim Mehigan in Verb. mit Marion Adams. Frankfurt a. M. [u. a.] 1990. S. 67–79.

Kuchinke-Bach, Anneliese: Heinrich von Kleists *Michael Kohlhaas*. Anmerkungen zum Zigeuner-Motiv. In: Germanisch-Romanische Monatsschrift N. F. 43 (1993) S. 167–179.

Kuhns, Richard: Tragedy. Contradiction and Repression. Chicago/London 1991. [S. 98–118.]

Kurth, Jörg: Über literaturwissenschaftliche Erkenntnis oder Was geht mich Michael Kohlhaas an? Zürich 1975.

Kurth-Voigt, Lieselotte: Kleistian Overtones in E. L. Doctorow's *Ragtime*. In: Monatshefte 69 (1977) S. 404–414.

Landwehr, Margarete: The Mysterious Gypsy in Kleist's *Michael Kohlhaas*. The Disintegration of Legal and Linguistic Boundaries. In: Monatshefte 84 (1992) S. 431–446.

Lange, Henrik: Säkularisierte Bibelreminiszenzen in Kleists *Michael Kohlhaas*. In: Kopenhagener germanistische Studien 1 (1969) S. 213–226. [Zit. als: Lange, 1969.]

Lindsay, James M.: Kohlhaas and K. Two Men in Search of Justice. In: German Life & Letters N. S. 13 (1959/69) S. 190–194.

Lucas, Raymond S.: Studies in Kleist. I: Problems in *Michael Kohlhaas*. In: Deutsche Vierteljahrsschrift für Literaturwissenschaft und Geistesgeschichte 44 (1970) S. 120–145.

Lucas, Raymond S.: Die Aporie der Macht. Zum Problem der Amnestie in Kleists *Michael Kohlhaas*. In: Kleist-Jahrbuch 1992. S. 140–151.

Lützeler, Paul Michael: Heinrich von Kleist, *Michael Kohlhaas*. In: Romane und Erzählungen der deutschen Romantik. Neue Interpretationen. Hrsg. von P. M. L. Stuttgart 1981. S. 213–239.

Lugowski, Clemens: Wirklichkeit und Dichtung. Untersuchungen zur Wirklichkeitsauffassung Heinrich von Kleists. Frankfurt a. M. 1936. [S. 190–209.]

Martini, Fritz: Heinrich von Kleist und die geschichtliche Welt. Berlin 1940. [S. 110–131.]

Matussek, Matthias: Die vaterlose Gesellschaft. Überfällige Anmerkungen zum Geschlechterkampf. Reinbek b. Hamburg 1998. [S. 226–244: »Kohlhaas heute«.]

Maurer, Karl-Heinz: Gerechtigkeit zwischen Differenz und Identität in Heinrich von Kleists *Michael Kohlhaas*. In: Deutsche Vierteljahrsschrift für Literaturwissenschaft und Geistesgeschichte 75 (2001) S. 123–144.

McGlathery, James M.: Desire's Sway. The Plays and Stories of Heinrich von Kleist. Detroit 1983. [S. 76–81, 185–189.]

Mehigan, Timothy J.: Text as Contract. The Nature and Function of Narrative Discourse in the Erzählungen of Heinrich von Kleist. Frankfurt a. M. [u. a.] 1988. [Bes. S. 272–309.]

Mein, Georg: Identität und Äquilibration. Von Metaphern und Goldwaagen bei Heinrich von Kleist. In: Kleist-Jahrbuch 2000. S. 180–197. [Bes. S. 192–197.]

Merbach, Paul A.: Michael-Kohlhaas-Dramen. In: Brandenburgia 24 (1915/16) S. 1–19.

Mews, Siegfried: Brechts ›dialektisches Verhältnis zur Tradition‹. Die Bearbeitung des *Michael Kohlhaas*. In: Brecht-Jahrbuch 1975. S. 63–78.

Meyer-Benfey, Heinrich: Die innere Geschichte des *Michael Kohlhaas*. In: Euphorion 15 (1908) S. 99–140.

Müller, Gernot: »Schmutz zugleich und Glanz«. Zu einer mutmaßlichen Gemäldeallusion Kleists und ihrem Reflex im *Mi-

chael Kohlhaas. In: Kleine Beiträge zur Germanistik. Festschrift für John Evert Härd. Hrsg. von Bo Andersson und Gernot Müller. Uppsala 1997. S. 179–192. [Bes. S. 186–192.]

Müller, Johann Karl-Heinz: Die Rechts- und Staatsauffassung Heinrich von Kleists. Bonn 1962.

Müller, Richard Matthias: Kleists *Michael Kohlhaas*. In: Deutsche Vierteljahrsschrift für Literaturwissenschaft und Geistesgeschichte 44 (1970) S. 101–119.

Müller-Salget, Klaus: Das Prinzip der Doppeldeutigkeit in Kleists Erzählungen. In: Zeitschrift für deutsche Philologie 92 (1973) S. 185–211.

Müller-Seidel, Walter: Versehen und Erkennen. Eine Studie über Heinrich von Kleist. Köln/Graz 1961. ³1971.

– Todesarten und Todesstrafen. Eine Betrachtung über Heinrich von Kleist. In: Kleist-Jahrbuch 1985. S. 7–38.

Ogorek, Regina: Adam Müllers Gegensatzphilosophie und die Rechtsausschweifungen des Michael Kohlhaas. In: Kleist-Jahrbuch 1988/89. S. 96–125.

Passage, Charles E.: *Michael Kohlhaas*. Form Analysis. In: The Germanic Review 30 (1955) S. 181–197.

Paulin, Harry W.: Kohlhaas and Family. In: The Germanic Review 52 (1977) S. 170–182.

Pfeiffer, Joachim: Die zerbrochenen Bilder. Gestörte Ordnungen im Werk Heinrich von Kleists. Würzburg 1989. [S. 61–70.]

Pircher, Wolfgang: Geld, Pfand und Rache. Versuch über ein Motiv bei Kleists *Kohlhaas*. In: Kleist-Jahrbuch 2000. S. 104–117.

Pniower, Otto: Heinrich von Kleists *Michael Kohlhaas*. In: Brandenburgia 10 (1901/02) S. 314–337.

Reinhardt, Hartmut: Das Unrecht des Rechtskämpfers. Zum Problem des Widerstandes in Kleists Erzählung *Michael Kohlhaas*. In: Jahrbuch der Deutschen Schillergesellschaft 31 (1987) S. 199–226.

– Rechtsverwirrung und Verdachtspsychologie. Spuren der Schiller-Rezeption bei Heinrich von Kleist. In: Kleist-Jahrbuch 1988/89. S. 198–218. [Bes. S. 201–204.]

Reske, Hermann: Traum und Wirklichkeit im Werk Heinrich von Kleists. Stuttgart 1969. [Bes. S. 129–145.]

Reuß, Roland: *Michael Kohlhaas* und *Michael Kohlhaas*. Zwei deutsche Texte, eine Konjektur und das Stigma der Kunst. In: Berliner Kleist-Blätter 3 (1990) S. 3–43. [Zit. als: Reuß, 1990.]

Rieger, Bernhard: Geschlechterrollen und Familienstrukturen in den Erzählungen Heinrich von Kleists. Frankfurt a. M. / Bern / New York 1985. »

Rückert, Joachim: »… der Welt in der Pflicht verfallen …« Kleists *Kohlhaas* als moral- und rechtsphilosophische Stellungnahme. In: Kleist-Jahrbuch 1988/89. S. 375–403. [Zit. als: Rückert, 1988/89.]

Schäfer, Wilhelm: Der Dichter des *Michael Kohlhaas*. In: Jahrbuch der Kleist-Gesellschaft 1933–37. S. 32–48.

Schmidhäuser, Eberhard: Verbrechen und Strafe. Ein Streifzug durch die Weltliteratur von Sophokles bis Dürrenmatt. München ²1996. [S. 19–42.]

Schmidt, Jochen: Heinrich von Kleist. Studien zu seiner poetischen Verfahrensweise. Tübingen 1974. [Bes. S. 98–105, 181– 199.]

– Kleists Werk im Horizont der zeitgenössischen Legitimationskrise. In: Kleist-Jahrbuch 1981/82. S. 358–379. [Bes. S. 372–376.]

– Kleists *Michael Kohlhaas* zwischen französischer Revolution und preussischen Reformen. In: Les Romantiques allemands et la Révolution française / Die deutsche Romantik und die französische Revolution. Colloque International organisé par le Centre de Recherches »Images de l'Etranger«. Actes du colloque ed. par Gonthier-Louis Fink. Straßburg 1989. S. 239– 251.

Schultze-Jahde, Karl: Kohlhaas und die Zigeunerin. In: Jahrbuch der Kleist-Gesellschaft 1933–37. S. 108–135.

Sendler, Horst: Michael Kohlhaas gestern und heute. Berlin / New York 1985.

Silz, Walter: Three Themes in *Michael Kohlhaas*. In: W. S.: Heinrich von Kleist. Studies in His Works and Literary Character. Philadelphia 1961. S. 173–198.

Skrotzki, Ditmar: Die Gebärde des Errötens im Werk Heinrich von Kleists. Marburg 1971. [Bes. S. 50–58.]

Smith, David E.: Gesture as a Stylistic Device in Kleist's *Michael Kohlhaas* and Kafka's *Der Prozeß*. Bern 1976.

Stahleder, Helmuth: Dramatische Szenenbildung und ihre Elemente in Heinrich von Kleists *Michael Kohlhaas*. In: Literatur in Wissenschaft und Unterricht 9 (1976) S. 167–181.

Stephens, Anthony: »Eine Träne auf den Brief«. Zum Status der Ausdrucksformen in Kleists Erzählungen. In: Jahrbuch der Deutschen Schillergesellschaft 28 (1984) S. 315–348.

Stephens, Anthony: Heinrich von Kleist. The Dramas and Stories. Oxford/Providence 1994. [S. 244–261.]

– / Lü, Yixu: Die Verführung des Lesers im Erzählwerk Kleists. In: Kleist-Jahrbuch 1994. S. 104–117.

Tellenbach, Hubert: Die Aporie der wahnhaften Querulanz. Das Verfallen an die Pflicht zur Durchsetzung des Rechts in Heinrich von Kleists *Michael Kohlhaas*. In: Colloquia Germanica 7 (1973) S. 1–8.

Wächter, Karl: Kleists *Michael Kohlhaas*. Ein Beitrag zu seiner Entstehungsgeschichte. Weimar 1918.

Weissberg, Liliane: *Michael Kohlhaas* or, The Monstrous Disorder of the World. In: Kleists Erzählungen und Dramen. Neue Studien. Hrsg. von Paul Michael Lützeler und David Pan. Würzburg 2001. S. 15–23.

Wexelblatt, Robert: Thomas Hobbes and *Michael Kohlhaas*. In: Southern Humanities Review 18 (1984) S. 109–128.

Whitinger, Raleigh: Tales and Texts. Patterns of Self-Reflexivity in Kleist's *Michael Kohlhaas*. In: Michigan Germanic Studies 25 (1999) S. 167–187.

Wiese, Benno von: Heinrich von Kleist, *Michael Kohlhaas*. In: B. v. W.: Die deutsche Novelle von Goethe bis Kafka. Bd. 2. Düsseldorf 1962. S. 47–63.

Wijsen, Louk: Intrinsic and Extrinsic Psychological Conflicts in Literature. Manifest in Kleist's *Michael Kohlhaas* and Hofmannsthal's *Chandos-Brief*. In: Psychoanalytische und psychopathologische Literaturinterpretation. Hrsg. von Bernd Urban und Winfried Kudszus. Darmstadt 1981. S. 87–124.

Wittkowski, Wolfgang: Rechtspflicht, Rache und Noblesse. Der Kohlhaas-Charakter. In: Beiträge zur Kleist-Forschung 12 (1998) S. 92–113.

– Is Kleist's Michael Kohlhaas a Terrorist? Luther, Prussian Law Reforms and the Accountability of Government. In: Historical Reflections / Réflexions Historiques 26 (2000) S. 471–486.

– Ironische Rechtsprechung in *Prinz Friedrich von Homburg* und *Michael Kohlhaas*. In: Politik, Öffentlichkeit, Moral – Kleist und die Folgen. Internationales Kolloquium 1996 in der Kleist-Gedenk- und Forschungsstätte Frankfurt (Oder). Hrsg. von Peter Ensberg und Hans-Jochen Marquardt. Stuttgart 2002. S. 59–84.

Wittkowski, Wolfgang: Fiat Potestas, et Pereat Iustitia. *Michael Kohlhaas*, Luther und die preußische Rechtsreform. In: Recht und Gerechtigkeit bei Heinrich von Kleist. Internationales Kolloquium 1997 in der Kleist-Gedenk- und Forschungsstätte Frankfurt (Oder). Hrsg. von Peter Ensberg und Hans-Jochen Marquardt. Stuttgart 2002. S. 87–114. [Zit. als: Wittkowski, 2003.]

Wohlhaupter, Eugen: Dichterjuristen. Hrsg. von H. G. Seifert. Bd. 1. Tübingen 1953. [S. 526–545.] [Zit. als: Wohlhaupter, 1953.]

Wolff, Hans M.: Heinrich von Kleist. Die Geschichte seines Schaffens. Bern 1954.

Ziolkowski, Theodore: Kleists Werk im Horizont der zeitgenössischen Rechtskontroverse. In: Kleist-Jahrbuch 1987. S. 28–51.

7. Hilfsmittel

Adelung, Johann Christoph: Grammatisch-kritisches Wörterbuch der Hochdeutschen Mundart, mit beständiger Vergleichung der übrigen Mundarten, besonders aber des Oberdeutschen. Mit D. W. Soltau's Beyträgen, revidirt und berichtiget von Franz Xaver Schönberger. 4 Bde. Wien 1811. [Zit. als: Adelung.]

Allgemeines Landrecht für die Preußischen Staaten von 1794. Textausgabe. Mit einer Einf. von Hans Hattenhauer und einer Bibliogr. von Günther Bernert. Frankfurt a. M./Berlin 1970.

Campe, Joachim Heinrich: Wörterbuch der Deutschen Sprache. 5 Bde. Braunschweig 1807–11. [Zit. als: Campe.]

Constitutio criminalis Carolina: peinliche Gerichtsordnung Kaiser Karls V. Faks.-Druck der Ausg. Augsburg 1533. Osnabrück 1973.

Grimm, Jacob und Wilhelm: Deutsches Wörterbuch. 16 Bde. (in 33 Teilbdn.). Leipzig 1854–1954. Reprogr. Nachdr. München 1984.

Handwörterbuch des deutschen Aberglaubens. Hrsg. von Hanns Bächtold-Stäubli. 10 Bde. Berlin/Leipzig 1927–42.

Klein, Ernst: Deutsche Bankengeschichte. Bd. 1: Von den Anfängen bis zum Ende des alten Reiches (1806). Frankfurt a. M. 1982. [Zit. als: Klein, 1982.]

Lampe, Ernst-Joachim (Hrsg.): Das sogenannte Rechtsgefühl. Opladen 1985.

Meyer's großes Conversations-Lexicon für die gebildeten Stände.
52 Bde. Hildburghausen 1840–55.

Schanze, Helmut: Wörterbuch zu Heinrich von Kleist. Sämtliche
Dramen und Dramenvarianten. Nendeln (Liechtenstein) 1978.
(Indices zur deutschen Literatur. 8/9.)

– Wörterbuch zu Heinrich von Kleist. Sämtliche Erzählungen,
Anekdoten und kleine Schriften. 2., völlig neu bearb. Aufl. Tübingen 1989. (Indices zur deutschen Literatur. 20.)

Schweizer, Johann Conrad: Wörterbuch zur Erklärung fremder,
aus andern Sprachen in die Deutsche aufgenommener Wörter
und Redensarten. 2 Bde. Zürich 1811. Reprogr. Nachdr. Hildesheim 1978. [Zit. als: Schweizer.]

Seibicke, Wilfried: Historisches Deutsches Vornamenbuch. In
Verb. mit der Gesellschaft für deutsche Sprache. Berlin / New
York 1996 ff.

Erläuterungen und Dokumente

Philipp Reclam jun. Stuttgart